企业全流程财税处理

会计核算+税务风险+合同管理

郑　伟◎编著

中国铁道出版社有限公司
CHINA RAILWAY PUBLISHING HOUSE CO., LTD.

图书在版编目(CIP)数据

企业全流程财税处理:会计核算+税务风险+合同管理 / 郑伟编著.—北京:中国铁道出版社有限公司,2022.4(2024.2 重印)

ISBN 978-7-113-28670-5

Ⅰ.①企… Ⅱ.①郑… Ⅲ.①企业会计-税收会计②企业管理-税收管理 Ⅳ.①F275.2②F810.423

中国版本图书馆 CIP 数据核字(2021)第 271032 号

书　　名: 企业全流程财税处理(会计核算+税务风险+合同管理)
QIYE QUANLIUCHENG CAISHUI CHULI(KUAIJI HESUAN+SHUIWU FENGXIAN+HETONG GUANLI)

作　　者: 郑　伟

责任编辑: 王淑艳　张文静　**编辑部电话:** (010)51873022　**电子邮箱:** 554890432@qq.com

封面设计: 宿　萌

责任校对: 焦桂荣

责任印制: 赵星辰

出版发行: 中国铁道出版社有限公司(100054,北京市西城区右安门西街 8 号)

印　　刷: 北京联兴盛业印刷股份有限公司

版　　次: 2022 年 4 月第 1 版　2024 年 2 月第 3 次印刷

开　　本: 710 mm×1 000 mm 1/16　**印张:** 15.5　**字数:** 262 千

书　　号: ISBN 978-7-113-28670-5

定　　价: 59.80 元

前　言

很多初学会计的人，通过短时间的培训，就能编制凭证、登记账簿，以为这是会计的全部，其实会计是一门综合性的学科，会计核算是基础，它囊括财务管理、经济法等内容。财务人员不但要学习会计准则、会计制度，还要关注财政部、税务总局颁布的相关政策，规范企业财务工作有序进行。除此之外，合同审核与涉税管理也是日常重点工作。

编写立意

“业财融合”一直是财务界的主张，财务人员不但要有基本的核算技能，还要掌握税法与经济合同的内容，为企业提供有价值的信息。因此，业务型会计在职场中很容易受到企业青睐。近些年来，国家对企业所得税、个人所得税等进行了全面修订，与此同时，也出台了城镇土地使用税、房产税、土地增值税、契税等相关新政策。为了让企业财务人员更好地了解和理解这些政策的变化，也是作者编写本书的原因之一。

主要内容

全书主要内容分为三部分：第一部分以企业经营业务为主线，根据采购、生产、销售等流程发生的业务，编制会计分录，登录会计凭证与会计账簿；第二部分着重介绍企业在生产与销售过程中可能存在的税务风险，以及如何化解这些危机；第三部分合同管理，以企业合同涉税管理为主线，总结企业涉及的各类经济合同涉税问题，充分结合实务中已经出现但却一再被忽视的税务风险，以及有可能出现的涉税问题，提出涉税条款的签订技巧和涉税合同管理措施。

编写特点

◆政策新。按照最新的《企业会计准则》，以及财政部、国家税务总局颁布的税收法律法规编写。

◆结构清晰。本书主要针对企业财务人员在会计核算、税务处理以及合同审核中经常会遇到的问题，以案例解析企业经营步骤，尽量用图、表形式呈现。

◆实用性强。以企业的业务流程为主线编写，打破传统的分税种编写方式，将财税问题融入案例中。针对具体业务进行账务处理，逐笔编制会计分录，使读者正确使用会计科目。

读者对象

本书既可作为会计初学者入门图书，也可作为财税专业教材，以及财务从业人员岗位培训教材。

虽然我们力求完美，但由于时间有限，编写过程中难免存在不足与遗憾，希望广大读者多提宝贵意见。

编　者

目　录

上篇　会计核算

上篇　会计核算

企业生产经营的最终成果，要由会计人员通过核算，以货币为主要计量单位，以凭证为主要依据，借助专门的技术方法，汇总编制财务报表，向股东、债权人、税务机关、审计部门等提供会计信息。

第1章　会计、税法概述

1.1　企业会计准则体系

我国“企业会计准则体系”包括基本准则、具体准则和应用指南。《企业会计准则》是会计人员从事会计工作必须遵循的基本原则，是会计核算工作的规范。基本准则包括总则、会计信息质量要求、资产、负债、所有者权益、收入、费用、利润、会计计量、财务会计报告等内容。

1.1.1　部分“企业会计准则”修订

自2017年以来，财政部陆续修订并发布七项企业会计准则，基本与《国际财务报告准则》保持趋同。

修订的七项企业会计准则包括：《企业会计准则第22号——金融工具确认和计量》（财会〔2017〕7号）、《企业会计准则第23号——金融资产转移》（财会〔2017〕8号）、《企业会计准则第24号——套期会计》（财会〔2017〕9号）、《企业会计准则第37号——金融工具列报》（财会〔2017〕14号）、《企业会计准则第21号——租赁》（财会〔2018〕35号）、《企业会计准则第14号——收入》（财会〔2017〕22号）、《企业会计准则第16号——政府补助》（财会〔2017〕15号），除《企业会计准则第16号——政府补助》于2017年6月12日执行外，其他六项准则于2021年1月1日在所有企业施行。

对企业影响最彻底的是《企业会计准则第14号——收入》（财会〔2017〕22号），简称“新收入准则”。本书收入核算的案例执行“新收入准则”确认原则。

1.1.2 财务报表格式的变化

财务报表格式修订是基于《企业会计准则》具体准则修订的要求，增加或减少部分项目。根据《关于修订印发2019年度一般企业财务报表格式的通知》（财会〔2019〕6号）的规定，将财务报表格式分为两种：一种是适用于未执行新金融准则、新收入准则和新租赁准则的企业；另外一种是适用于已执行新金融准则、新收入准则和新租赁准则的企业。

1. 资产负债表的变化

（1）原“应收票据及应收账款”项目拆分为“应收票据”和“应收账款”。

（2）原“应付票据及应付账款”项目拆分为“应付票据”和“应付账款”。

（3）所有者权益项下新增“专项储备”项目，反映高危行业企业按国家规定提取的安全生产费的期末账面价值。该项目根据“专项储备”科目的期末余额填列。

2. 利润表的变化

将“减：资产减值损失”调整为“加：资产减值损失（损失以‘－’号填列)”。

3. 现金流量表

明确了政府补助的填列口径，企业实际收到的政府补助，无论是与资产相关还是与收益相关，均在“收到其他与经营活动有关的现金”项目填列。

4. 所有者权益变动表

明确了“其他权益工具持有者投入资本”项目的填列口径，“其他权益工具持有者投入资本”项目，反映企业发行的除普通股以外分类为权益工具的金融工具的持有者投入资本的金额。该项目根据金融工具类科目的相关明细科目的发生额分析填列。

1.1.3 会计计量

“会计就是一个计量过程。”事实上，财务会计的许多理论和方法都要涉及会计的计量问题。FASB（美国财务会计准则委员会）第5号财务会计概念公告《企业财务报告的确认和计量》提出了历史成本、现行成本、可变现净值、未来现金流量现值、公允价值五种计量属性。会计计量就是对会计要素按货币量度进行量化的过程，即确定其金额的过程。《企业会计准则》规定，在对会计要素进行计量时，一般应当采用历史成本。采用重置成本、可变现净值、现值、公允价值计量的，保证所确定的会计要素金额能够取得并可靠计量，具体要求见表 1-1。

表 1-1 成本计量方法

依 据	计量方法	过 去	现 在	未 来
流入价格	历史成本	√		
	重置成本		√	
流出价格	现行市价		√	
未来价格	现金流量现值			√

1. 历史成本

历史成本又称为实际成本，指取得或制造某项财产物资实际支付的现金或其他等价物。

例如，兴创有限公司购入一套办公大楼，价款为 10 亿元。这幢办公大楼的入账价值就是 10 亿元，即历史成本。

2. 重置成本

重置成本又称为现行成本，是指按照当前市场条件，重新取得同样一项资产所需支付的现金或者现金等价物金额。

例如，兴创有限公司购入的一幢办公大楼，10 年后公司重新进行估值，总价值 40 亿元，40 亿元即为重置成本。

3. 可变现净值

可变现净值是指在正常生产经营过程中，以预计售价减去进一步加工成本和预计销售费用以及相关税费后的净值。

可变现净值＝预计售价－进一步加工成本－预计销售费用－相关税费

例如，2021 年 1 月 31 日，兴创有限公司甲型机器的账面价值（成本）为 900 000 元，数量为 9 台，单位成本为 100 000 元。2021 年 12 月 31 日，甲型机器的市场销售价格为 110 000 元/台。估计销售费用、相关税费为 36 000 元。

估计销售价格＝110 000 ×9＝990 000（元）

可变现净值＝990 000－36 000＝954 000（元）

假若可变现净值低于成本，要计提存货减值准备。

4. 现值

现值是指对未来现金流量以恰当的折现率进行折现后的价值，是考虑货币时间价值的一种计量属性。在资产减值准则中，会经常使用现值计量属性。

例如，飞亚达网络公司计划 4 年后进行技术改造，需要资金 1 500 000 元，当银行利率为 5%时，公司现在应存入银行的资金为：

$$
\begin{aligned}
P &= F \times (1+i)^{-n} = 1\,500\,000 \times (1+5\%)^{-4} \\
&= 1\,500\,000 \times 0.822\,7 \\
&= 1\,234\,050(\text{元})
\end{aligned}
$$

5. 公允价值

公允价值是市场参与者在计量日发生的有序交易中，出售一项资产所能收到或者转移一项负债所需支付的价格。

例如，兴创有限公司以 10 台挖路机用于偿债，经估值，公允价值为 50 万元。

1.2 税与费

税法是税收法规的总称，包括法律、法规、条例、公告、实施细则等法律文件。企业从设立到持续经营期间需要按照业务的性质缴纳税费。我国企业应缴或代扣的税种为 18 种，包括增值税、消费税、资源税、城镇土地使用税、城市维护建设税、教育费附加、土地增值税、耕地占用税、房产税、车船使用税、关税、印花税、契税、车辆购置税、环境保护税、企业所得税、个人所得税、烟叶税等。除了上述税种，企业还需要缴纳社会保险费、政府性基金等。

1.2.1 部分税种立法

目前已有多个税种通过全国人民代表大会立法，包括《中华人民共和国车辆购置税法》《中华人民共和国车船税法》《中华人民共和国船舶吨税法》《中华人民共和国个人所得税法》《中华人民共和国耕地占用税法》《中华人民共和国环境保护税法》《中华人民共和国企业所得税法》《中华人民共和国烟叶税法》《中华人民共和国资源税法》《中华人民共和国契税法》《中华人民共和国城市维护建设税法》。2019 年 11 月，财政部、国家税务总局公布了《中华人民共和国增值税法（征求意见稿）》，增值税立法指日可待。

1.2.2 最新税收政策

自 2023 年以来，财政部、国家税务总局陆续颁布针对企业和个人的税收政策，具体如下：

《财政部 税务总局关于明确增值税小规模纳税人减免增值税等政策的公告》(财政部 税务总局公告 2023 年第 1 号) 规定：

一、自 2023 年 1 月 1 日至 2023 年 12 月 31 日，对月销售额 10 万元以下（含本数）的增值税小规模纳税人，免征增值税。

二、自 2023 年 1 月 1 日至 2023 年 12 月 31 日，增值税小规模纳税人适用 3%征收率的应税销售收入，减按 1%征收率征收增值税；适用 3%预征率的预缴增值税项目，减按 1%预征率预缴增值税。

三、自 2023 年 1 月 1 日至 2023 年 12 月 31 日，增值税加计抵减政策按照以下规定执行：

（一）允许生产性服务业纳税人按照当期可抵扣进项税额加计 5%抵减应纳税额。生产性服务业纳税人，是指提供邮政服务、电信服务、现代服务、生活服务取得的销售额占全部销售额的比重超过 50%的纳税人。

（二）允许生活性服务业纳税人按照当期可抵扣进项税额加计 10%抵减应纳税额。生活性服务业纳税人，是指提供生活服务取得的销售额占全部销售额的比重超过 50%的纳税人。

财政部 税务总局 退役军人事务部关于进一步扶持自主就业退役士兵创业就业有关税收政策的公告（财政部 税务总局 退役军人事务部公告 2023 年第 14 号）：

一、自 2023 年 1 月 1 日至 2027 年 12 月 31 日，自主就业退役士兵从事个体经营的，自办理个体工商户登记当月起，在 3 年（36 个月，下同）内按每户每年 20 000 元为限额依次扣减其当年实际应缴纳的增值税、城市维护建设税、教育费附加、地方教育附加和个人所得税。限额标准最高可上浮 20%，各省、自治区、直辖市人民政府可根据本地区实际情况在此幅度内确定具体限额标准。

…………

二、自2023年1月1日至2027年12月31日，企业招用自主就业退役士兵，与其签订1年以上期限劳动合同并依法缴纳社会保险费的，自签订劳动合同并缴纳社会保险当月起，在3年内按实际招用人数予以定额依次扣减增值税、城市维护建设税、教育费附加、地方教育附加和企业所得税优惠。定额标准为每人每年6000元，最高可上浮50%，各省、自治区、直辖市人民政府可根据本地区实际情况在此幅度内确定具体定额标准。

《财政部 税务总局关于进一步支持小微企业和个体工商户发展有关税费政策的公告》(2023年第12号)：

一、自2023年1月1日至2027年12月31日，对个体工商户年应纳税所得额不超过200万元的部分，减半征收个人所得税。个体工商户在享受现行其他个人所得税优惠政策的基础上，可叠加享受本条优惠政策。

二、自2023年1月1日至2027年12月31日，对增值税小规模纳税人、小型微利企业和个体工商户减半征收资源税（不含水资源税）、城市维护建设税、房产税、城镇土地使用税、印花税（不含证券交易印花税）、耕地占用税和教育费附加、地方教育附加。

三、对小型微利企业减按25%计算应纳税所得额，按20%的税率缴纳企业所得税政策，延续执行至2027年12月31日。

四、增值税小规模纳税人、小型微利企业和个体工商户已依法享受资源税、城市维护建设税、房产税、城镇土地使用税、印花税、耕地占用税、教育费附加、地方教育附加等其他优惠政策的，可叠加享受本公告第二条规定的优惠政策。

《财政部 税务总局关于先进制造业企业增值税加计抵减政策的公告》(财政部 税务总局公告2023年第43号)：

一、自2023年1月1日至2027年12月31日，允许先进制造业企业按照当期可抵扣进项税额加计5%抵减应纳增值税税额（以下称加计抵减政策）。

本公告所称先进制造业企业是指高新技术企业（含所属的非法人分支机构）中的制造业一般纳税人，高新技术企业是指按照《科技部 财政部 国家税务总局关于修订印发〈高新技术企业认定管理办法〉的通知》(国科发火〔2016〕32号）规定认定的高新技术企业。先进制造业企业具体名单，由各省、自治区、直辖市、计划单列市工业和信息化部门会同同级科技、财政、税务部门确定。

二、先进制造业企业按照当期可抵扣进项税额的5%计提当期加计抵减额。按照现行规定不得从销项税额中抵扣的进项税额，不得计提加计抵减额；

已计提加计抵减额的进项税额，按规定作进项税额转出的，应在进项税额转出当期，相应调减加计抵减额。

《财政部 税务总局关于支持小微企业融资有关税收政策的公告》(财政部 税务总局公告2023年第13号)：

一、对金融机构向小型企业、微型企业及个体工商户发放小额贷款取得的利息收入，免征增值税。金融机构应将相关免税证明材料留存备查，单独核算符合免税条件的小额贷款利息收入，按现行规定向主管税务机关办理纳税申报；未单独核算的，不得免征增值税。

二、对金融机构与小型企业、微型企业签订的借款合同免征印花税。

《国家税务总局关于落实小型微利企业所得税优惠政策征管问题的公告》(国家税务总局公告2023年第6号)：

一、符合财政部、税务总局规定的小型微利企业条件的企业（以下简称小型微利企业），按照相关政策规定享受小型微利企业所得税优惠政策。

企业设立不具有法人资格分支机构的，应当汇总计算总机构及其各分支机构的从业人数、资产总额、年度应纳税所得额，依据合计数判断是否符合小型微利企业条件。

二、小型微利企业无论按查账征收方式或核定征收方式缴纳企业所得税，均可享受小型微利企业所得税优惠政策。

三、小型微利企业在预缴和汇算清缴企业所得税时，通过填写纳税申报表，即可享受小型微利企业所得税优惠政策。

《关于延续实施全年一次性奖金个人所得税政策的公告》(财政部 税务总局公告2023年第30号)：

为进一步减轻纳税人负担，现将全年一次性奖金个人所得税政策公告如下：

一、居民个人取得全年一次性奖金，符合《国家税务总局关于调整个人取得全年一次性奖金等计算征收个人所得税方法问题的通知》(国税发〔2005〕9号）规定的，不并入当年综合所得，以全年一次性奖金收入除以12个月得到的数额，按照本公告所附按月换算后的综合所得税率表，确定适用税率和速算扣除数，单独计算纳税。计算公式为：

应纳税额＝全年一次性奖金收入×适用税率－速算扣除数

二、居民个人取得全年一次性奖金，也可以选择并入当年综合所得计算纳税。

三、本公告执行至2027年12月31日。

第2章　企业筹建期间会计处理

一般来说，新设立的企业，往往要经过筹建期。筹建期是指企业被批准筹建之日起至生产、经营（包括试运行）开始之日。筹建期发生的费用称为开办费，包括人员工资、办公费、差旅费、培训费、印刷费、注册登记费以及不计入固定资产价值的借款费用等。

2.1　企业筹建期的界定与会计核算

《财政部关于印发〈企业会计准则——应用指南〉的通知》（财会〔2006〕18号）附件《企业会计准则应用指南——会计科目和主要账务处理》，将开办费纳入“管理费用”科目核算。

2.1.1　关于筹建期的确定

筹建期是指从企业被批准筹建之日起至开始生产经营（包括试生产、试营业）之日的期间。《企业会计制度》对筹建期只有原则性规定：即企业开始生产经营前的期间。

关于筹建期的终止，目前主要有三种说法：分别是领取营业执照之日；取得第一笔收入之日；开始投入生产经营之日。结合不同的行业，有不同的特点，应当具体把握，如工业企业，由于需要建设厂房等基础设施，所以生产设施建设完毕，并且购进原材料进行生产之前的时间，都是筹建期间；商业性质的企业，装修好商场、购进商品之前的时间，都是筹建期间；服务性质的企业，由于没有具体形式上的商品，开始经营之前的时间，可以视为筹建期间。

2.1.2 开办费的开支范围

《中华人民共和国企业所得税法》(以下简称《企业所得税法》)及其实施条例对开办费的开支范围尚无明确规定。结合相关财务规定，开办费的具体开支范围应主要有以下方面：

(1) 筹建人员开支的费用。

①筹建人员的劳务费用：具体包括筹办人员的工资奖金等工资性支出，以及应交纳的各种社会保险。在筹建期间发生的如医疗费等福利性费用，如果筹建期较短可据实列支，筹建期较长的，可按工资总额的14%计提职工福利费予以解决。

②差旅费：包括市内交通费和外埠差旅费。

③董事会费和联合委员会费。

(2) 企业登记的费用。

企业登记的费用主要包括工商等政府机关登记费、政府机关注册的代理费、验资费、审计费、税务登记费、公证费、注册资本印花税等。

(3) 筹措资本的费用。

筹措资本的费用主要是指筹资支付的手续费以及不计入固定资产和无形资产的汇兑损益和利息等。

(4) 人员培训费。

人员培训费主要有以下两种情况：

①引进设备和技术需要消化吸收，选派一些职工在筹建期间外出进修学习的费用。

②聘请专家进行技术指导和培训的劳务费及相关费用。

(5) 企业筹建期间发生的资产的折旧、摊销、报废和毁损等。

(6) 注册资本的费用。

注册资本的费用主要是指资金往来的手续费以及不计入固定资产和无形资产的汇兑损益和利息等。以外币汇入的注册资本因投资合同中规定的记账汇率和实际汇率不同产生的差额属于资本公积，不属于开办费。

(7) 中外合资企业筹建费。

中外合资经营企业、中外合作经营企业在其所签订的合资、合作协议，合同被批准之前，合资、合作各方为进行可行性研究而共同发生的费用，可准予列为企业的筹建费。除中外合资经营企业、中外合作经营企业外的其他企业，经投资人确认由企业负担的进行可行性研究所发生的费用。

（8）其他费用。

①筹建期间发生的办公费、广告费、业务招待费等。

②印花税、车船税等。

③经投资人确认由企业负担的进行可行性研究所发生的费用。

④其他与筹建有关的费用，例如资讯调查费、诉讼费、文件印刷费、通信费以及庆典礼品费等支出。

2.1.3 不能计入开办费的支出

不能计入开办费的支出包括以下项目。

1. 取得各项资产所发生的费用

取得各项资产所发生的费用包括购建固定资产和无形资产支付的运输费、安装费、保险费和购建时发生的相关人工费用。

2. 规定应由投资各方负担的费用

投资各方为筹建企业进行了调查，洽谈发生的差旅费、咨询费、招待费等支出。我国政府还规定，中外合资进行谈判时，要求外商洽谈业务所发生的招待费用不得列作企业开办费，由提出邀请的企业负担。

3. 资产性支出

为培训职工而购建的固定资产、无形资产等支出不得列作开办费。

4. 利息

投资方因投入资本自行筹措款项所支付的利息，不得计入开办费，应由出资方自行负担。

5. 存取外币手续费

以外币现金存入银行而支付的手续费，该费用应由投资者负担。

2.1.4 企业筹建期账务处理

根据《企业会计准则——应用指南》明确规定：企业在筹建期间内发生的开办费，包括人员工资、办公费、培训费、差旅费、印刷费、注册登记费以及不计入固定资产成本的借款费用等，直接费用化处理。

在实际发生时，借记“管理费用——开办费”，贷记“银行存款”等科目。

发生费用支出时

借：管理费用——开办费

贷：库存现金（或银行存款）

月末结转时

借：本年利润

贷：管理费用——开办费

【例 2-1】 明强制造有限公司筹建期间发生如下费用：

(1) 1月5日，发生开业注册登记费，注册资金1 000万元，按注册资金总额0.8‰支付，即8 000元，以银行存款支付。

借：管理费用——注册登记费　　8 000

　贷：银行存款　　8 000

(2) 1月15日，支付工商银行对公账户维护费、管理费，共计600元，以银行存款支付。

借：管理费用——对公账户维护费、管理费　　600

　贷：银行存款　　600

(3) 1月25日，组织员工岗前培训，为期一个月，支付培训费用28 000元，以银行存款支付。

借：管理费用——培训费　　28 000

　贷：银行存款　　28 000

根据上述业务，登记总账，见表2-1。

表 2-1　明细分类账

会计科目：银行存款
编　　号：4001

2×21年		凭证科目代码	摘要	对方科目	借方										贷方										借或贷	余额									
月	日				千	百	十	万	千	百	十	元	角	分	千	百	十	万	千	百	十	元	角	分		千	百	十	万	千	百	十	元	角	分
1	1		期初余额																						借		5	0	0	0	0	0	0	0	0
1	5	银付＃＃	支付开业登记费	管理费用															8	0	0	0	0	0	借		4	9	9	2	0	0	0	0	0
1	15	银付＃＃	支付开户银行费用	管理费用																6	0	0	0	0	借		4	9	9	1	4	0	0	0	0
1	25	银付＃＃	支付员工培训费用	管理费用														2	8	0	0	0	0	0	借		4	9	6	3	4	0	0	0	0

2.2　企业资本金筹集阶段的会计处理

企业为了满足经营活动、投资活动、资本结构管理和其他需要，运用一定的筹资方式，通过一定的筹资渠道，筹措和获取所需资金。一般来说，企业最基本的筹资方式就是两种：股权筹资和债务筹资。

2.2.1　股权筹资的核算

股权筹资形成企业的股权资金，是企业最基本的筹资方式，股权筹资包括吸收投资者直接投资、发行股票、留存收益等。

1. 账户设置

企业设置相应账户对所有者权益筹资等业务进行核算。

（1）“实收资本”账户属于所有者权益类账户，用以核算企业接受投资者投入的实收资本，可按投资者的不同设置明细账户，进行明细核算。

借方	实收资本账户　　　　贷方
	期初余额
本期实收资本减少额	本期实收资本增加额
本期借方发生额合计	本期贷方发生额合计
	期末余额

（2）“资本公积”账户属于所有者权益类账户，用以核算企业收到投资者出资额超出其在注册资本或股本中所占份额的部分，以及直接计入所有者权益的利得和损失等。

借方	资本公积账户　　　　贷方
	期初余额
本期资本公积减少额	本期资本公积增加额
本期借方发生额合计	本期贷方发生额合计
	期末余额

（3）“银行存款”属于资产类账户，用以核算企业存入银行或其他金融机构的各项款项，但银行汇票存款、银行本票存款、信用卡存款、信用证保证金存款、存出投资款、外埠存款等，通过“其他货币资金”核算单位。

借方	银行存款账户　　　　贷方
期初余额	
本期银行存款增加额	本期银行存款减少额
本期借方发生额合计	本期贷方发生额合计
期末余额	

2. 收到投资者投入的资本会计处理

实收资本（或股本）是指企业的投资者按照企业章程合同或协议的约定，实际投入企业的资本金以及按照有关规定由资本公积、盈余公积等转增资本的资金。

（1）接受现金资产投资的账务处理如下：

非股份有限公司接受现金资产投资

借：银行存款
　　贷：实收资本

股份有限公司接受现金资产投资

借：银行存款
　　贷：股本
　　　　资本公积——股本溢价

【例 2-2】 康仁电器有限公司注册资本为 50 000 000 元，2×21 年 1 月 5 日，收到天康有限公司 6 000 000 元，见表 2-2 和表 2-3。

表 2-2　投资协议书（摘要）

投资单位：天康有限公司
被投资单位：康仁电器有限公司
经双方协商，康仁电器有限公司接受天康有限公司货币资金投资，投资额为 6 000 000 元，享有康仁电器有限公司 1%的股权，每年可分配康仁电器有限公司的净利润。

投资人：苏学梅　　　　　　被投资人：林帆

天康有限公司 ★ 财务专用章　　　　　　康仁电器有限公司 ★ 财务专用章

2×21 年 1 月 5 日　　　　　　2×21 年 1 月 5 日

表 2-3　中国银行进账单（回单或收账通知）

进账日期：2×21 年 1 月 5 日　　　　　　第 19 号

收款人	全　称	康仁电器有限公司	付款人	全　称	天康有限公司
	账　号	3321019092465		账　号	62200043465
	开户银行	工商银行深圳龙岗支行		开户银行	深圳工商银行富林支行裕林路营业室
人民币（大写）：⊗陆佰万元整				千 百 拾 万 千 百 十 元 角 分	￥ 6 0 0 0 0 0 0 0 0
票据种类	转账支票		收款人开户银行盖章（略）		
票据张数	1				
主管　会计	复核　记账				

此联给收款人的收账通知

借：银行存款　　　　　　　　　　6 000 000
　　贷：实收资本——天康有限公司　　　　　6 000 000

根据上述业务，登记会计凭证，见表 2-4。

表 2-4 收款凭证

附件：××张

借方科目：银行存款　　　　2×21 年 1 月 5 日　　　　银收字第112号

摘要	贷方科目		账页	金额										记账
	一级科目	二级或明细科目		千	百	十	万	千	百	十	元	角	分	
收到天康有限公司投入资金 6 000 000 元	实收资本	天康有限公司			6	0	0	0	0	0	0	0	0	✓
合计				¥	6	0	0	0	0	0	0	0	0	

会计主管：××　　记账：××　　出纳：××　　审核：×××　　填制：××

（2）企业接受固定资产、无形资产等非现金资产投资时，应按投资合同或协议约定的价值（不公允的除外）作为固定资产、无形资产的入账价值，按投资合同或协议约定的投资者在企业注册资本或股本中所占份额的部分作为实收资本或股本入账，投资合同或协议约定的价值（不公允的除外）超过投资者在企业注册资本或股本中所占份额的部分，计入资本公积。

接受投入固定资产

借：固定资产/无形资产
　　贷：应交税费——
　　　　应交增值税（销项税额）
　　　　实收资本

接受投入存货时

借：原材料、库存商品（按投资双方确认的价值入账，有公允除外）
　　应交税费——应交增值税（进项税额）
　　贷：实收资本

【例 2-3】 康仁电器有限公司接受仁和机电公司的一台机器设备投资，按照协议规定，该设备的公允价值为 9 000 000 元，占康仁电器有限公司股份的 5%。原始单据见表 2-5、表 2-6。

表 2-5 投资协议书（摘要）

投资单位：仁和机电公司

被投资单位：康仁电器有限公司

经双方协商，康仁电器有限公司接受仁和机电公司设备投资，投资额为 9 000 000 元，享有康仁电器有限公司 5%的股权，每年可分配康仁电器有限公司的净利润。

投资人：白雪松　　　　被投资人：林帆

（印章）仁和机电公司 ★ 财务专用章　　　　（印章）康仁电器有限公司 ★ 财务专用章

2×21 年 1 月 8 日　　　　2×21 年 1 月 8 日

固定资产验收单，见表 2-6。

表 2-6　固定资产验收单

2×21 年 1 月 8 日

名称	单位	数量	单价	已摊销价值	账面净值（元）	评估确认价值（元）	备注
XT 设备	台	1	9 000 000		9 000 000	9 000 000	仁和机电公司

借：固定资产　　　　　　　　　　　　　　　　9 000 000

　　贷：实收资本——股本——仁和机电公司　　　　　　9 000 000

登记会计凭证，见表 2-7。

表 2-7　转账凭证

附件：2 张

2×21 年 1 月 8 日　　　　　　　　　　　　　　　　转字第011号

摘要	一级科目	二级或明细科目	账页	借方金额										贷方金额										记账
				千	百	十	万	千	百	十	元	角	分	千	百	十	万	千	百	十	元	角	分	
接受仁和机电公司设备投资	固定资产	XT 设备			9	0	0	0	0	0	0	0	0											✓
	实收资本	仁和机电公司													9	0	0	0	0	0	0	0	0	✓
合计				¥	9	0	0	0	0	0	0	0	0	¥	9	0	0	0	0	0	0	0	0	

会计主管：××　　记账：××　　出纳：××　　审核：×××　　填制：××

根据上述业务，登记总账，见表 2-8。

表 2-8　明细分类账

会计科目：实收资本

编　　号：4001

2×21 年		凭证科目代码	摘要	对方科目	借　方										贷　方										借或贷	余　额									
月	日				千	百	十	万	千	百	十	元	角	分	千	百	十	万	千	百	十	元	角	分		千	百	十	万	千	百	十	元	角	分
1	1		期初余额																						贷	5	0	0	0	0	0	0	0	0	0
1	5	银收字第 112 号	收到天康有限公司投资	银行存款												6	0	0	0	0	0	0	0	0	贷	5	6	0	0	0	0	0	0	0	0

续上表

2×21年		凭证科目代码	摘要	对方科目	借方										贷方										借或贷	余额									
月	日				千	百	十	万	千	百	十	元	角	分	千	百	十	万	千	百	十	元	角	分		千	百	十	万	千	百	十	元	角	分
1	8	转字第011号	收到仁和机电公司投资	固定资产												9	0	0	0	0	0	0	0	0	贷	6	5	0	0	0	0	0	0	0	0

2.2.2 负债筹资的核算

企业通过银行借款、向社会发行公司债券、融资租赁、商用信用等方式筹集和取得资金。

负债筹资优缺点，见表2-9。

表2-9 负债筹资优缺点

优点	（1）筹资速度较快。 与股权筹资比，债务筹资不需要经过复杂的审批手续和证券发行程序
	（2）筹资弹性大。 利用债务筹资，可以根据企业的经营情况和财务状况，灵活地商定债务条件，控制筹资数量，安排取得资金的时间
	（3）资本成本负担较轻。 一般来说，债务筹资的资本成本要低于股权筹资
	（4）可以利用财务杠杆。 债权人从企业那里只能获得固定的利息或租金，当企业的资本报酬率高于债务利率时，债务筹资会增加普通股股东的每股收益
	（5）稳定公司的控制权。 债权人无权参加企业的经营管理，利用债务筹资不会改变和分散股东对公司的控制权

续上表

缺点	（1）不能形成企业稳定的资本基础。 债务资本有固定的到期日，到期需要偿还，只能作为企业的补充性资本来源
	（2）财务风险较大。 债务资本有固定的到期日，有固定的债息负担
	（3）筹资数额有限。 债务筹资中，除发行债券方式外，一般难以像发行股票那样一次筹集到大笔资金

负债筹资主要包括短期借款、长期借款以及结算形成的负债等。短期借款是指企业为了满足其生产经营对资金的临时性需要而向银行或其他金融机构等借入的偿还期限在一年以内（含一年）的各种借款。长期借款是指企业向银行或其他金融机构等借入的偿还期限在一年以上（不含一年）的各种借款。

结算形成的负债是指企业在正常的生产经营活动中形成的流动负债，既包括外部往来形成的流动负债，如应付账款、预收账款，也包括内部结算形成的流动负债，如应付职工薪酬等。

1. 负债筹资账户设置

企业通常设置以下账户对负债筹资业务进行会计核算。

（1）“短期借款”账户属于负债类账户，用以核算企业的短期借款。

借方　　短期借款账户　　贷方

	期初余额
本期短期借款减少额	本期短期借款增加额
本期借方发生额合计	本期贷方发生额合计
	期末余额

（2）“长期借款”账户属于负债类账户，用以核算企业的长期借款。

借方　　长期借款账户　　贷方

	期初余额
本期长期借款减少额	本期长期借款增加额
本期借方发生额合计	本期贷方发生额合计
	期末余额

（3）“应付利息”账户属于负债类账户，用以核算企业按照合同约定应支付的利息，包括吸收存款、分期付息到期还本的长期借款、企业债券等应支付的利息。

借方　　　　　　　　　　　　　　<u>应付利息账户</u>　　　　　　　　　　　　　　贷方

	期初余额
本期应付利息减少额	本期应付利息增加额
本期借方发生额合计	本期贷方发生额合计
	期末余额

2. 取得短期借款的核算

工商企业的短期借款主要有：经营周转借款、临时借款、结算借款、票据贴现借款、卖方信贷、预购定金借款和专项储备借款等，该账户可按借款种类、贷款人和币种进行明细核算。短期借款利息较大需要计提的，在资产负债表日，按照应计的金额，借记“财务费用”账户，贷记“应付利息”账户；若利息不大无须计提，在支付利息时记入“财务费用”账户。

企业应通过“短期借款”科目，核算短期借款的取得及偿还情况。

取得短期借款时

借：银行存款

　　贷：短期借款

计提利息时

借：财务费用

　　贷：应付利息

支付利息时

借：应付利息

　　贷：银行存款

偿还本金时

借：短期借款

　　贷：银行存款

【例 2-4】　康仁电器有限公司取得短期借款 1 000 000 元，年利率 6%，借款期限 6 个月。利息数额较少，不进行计提，到期还本付息。

6 个月的利息＝1 000 000×6%÷12×6＝30 000（元）

(1) 2×21 年 1 月 1 日，取得借款时，见表 2-10（票样仅供参考）。

借：银行存款　　　　　　　　　　　　　1 000 000

　　贷：短期借款　　　　　　　　　　　　　1 000 000

表 2-10　中国工商银行流动资金借款收据（回单）

2×21 年 1 月 1 日

<table>
<tr><td>借款单位全称</td><td colspan="3">康仁电器有限公司</td><td colspan="2">存款账号</td><td colspan="10">3321019097989</td></tr>
<tr><td>贷款种类</td><td>短期借款</td><td>年利率</td><td>6%</td><td colspan="2">贷款户账号</td><td colspan="10">6222001978994</td></tr>
<tr><td rowspan="2">贷款金额</td><td colspan="3" rowspan="2">人民币（大写）叁拾万元整
工行深圳龙岗支行 2×21-01-01 转</td><td colspan="2"></td><td>千</td><td>百</td><td>十</td><td>万</td><td>千</td><td>百</td><td>十</td><td>元</td><td>角</td><td>分</td></tr>
<tr><td colspan="2"></td><td>¥</td><td>1</td><td>0</td><td>0</td><td>0</td><td>0</td><td>0</td><td>0</td><td>0</td><td>0</td></tr>
<tr><td colspan="4">借款原因或用途：流动资金</td><td colspan="2">约定还款期限</td><td colspan="10">2×21 年 6 月 30 日</td></tr>
<tr><td colspan="4">备注：</td><td colspan="12">上列贷款已转入你单位存款户</td></tr>
</table>

根据上述业务，登记会计凭证，见表 2-11。

表 2-11　收款凭证

附件：××张

借方科目：银行存款　　　　2×21 年 1 月 5 日　　　　银收字第07号

<table>
<tr><td rowspan="2">摘要</td><td colspan="2">贷方科目</td><td rowspan="2">账页</td><td colspan="10">金额</td><td rowspan="2">记账</td></tr>
<tr><td>一级科目</td><td>二级或明细科目</td><td>千</td><td>百</td><td>十</td><td>万</td><td>千</td><td>百</td><td>十</td><td>元</td><td>角</td><td>分</td></tr>
<tr><td>从工行深圳龙岗支行取得短期借款 1 000 000 元</td><td>短期借款</td><td>工行深圳龙岗支行</td><td></td><td></td><td>1</td><td>0</td><td>0</td><td>0</td><td>0</td><td>0</td><td>0</td><td>0</td><td>0</td><td>✓</td></tr>
<tr><td></td><td></td><td></td><td></td><td></td><td></td><td></td><td></td><td></td><td></td><td></td><td></td><td></td><td></td><td></td></tr>
<tr><td></td><td></td><td></td><td></td><td></td><td></td><td></td><td></td><td></td><td></td><td></td><td></td><td></td><td></td><td></td></tr>
<tr><td colspan="3">合计</td><td></td><td>¥</td><td>1</td><td>0</td><td>0</td><td>0</td><td>0</td><td>0</td><td>0</td><td>0</td><td>0</td><td></td></tr>
</table>

会计主管：××　　记账：××　　出纳：××　　审核：×××　　填制：××

根据会计凭证，登记会计账簿，见表 2-12。

表 2-12　明细分类簿

会计科目：短期借款

编　　号：2001

<table>
<tr><td colspan="2">2×21 年</td><td rowspan="2">凭证科目代码</td><td rowspan="2">摘要</td><td rowspan="2">对方科目</td><td colspan="10">借　方</td><td colspan="10">贷　方</td><td rowspan="2">借或贷</td><td colspan="10">余　额</td></tr>
<tr><td>月</td><td>日</td><td>千</td><td>百</td><td>十</td><td>万</td><td>千</td><td>百</td><td>十</td><td>元</td><td>角</td><td>分</td><td>千</td><td>百</td><td>十</td><td>万</td><td>千</td><td>百</td><td>十</td><td>元</td><td>角</td><td>分</td><td>千</td><td>百</td><td>十</td><td>万</td><td>千</td><td>百</td><td>十</td><td>元</td><td>角</td><td>分</td></tr>
<tr><td>1</td><td>1</td><td>银收07</td><td>取得短期借款</td><td>银行存款</td><td></td><td></td><td></td><td></td><td></td><td></td><td></td><td></td><td></td><td></td><td></td><td>1</td><td>0</td><td>0</td><td>0</td><td>0</td><td>0</td><td>0</td><td>0</td><td></td><td>贷</td><td></td><td>1</td><td>0</td><td>0</td><td>0</td><td>0</td><td>0</td><td>0</td><td>0</td><td>0</td></tr>
<tr><td></td><td></td><td></td><td></td><td></td><td></td><td></td><td></td><td></td><td></td><td></td><td></td><td></td><td></td><td></td><td></td><td></td><td></td><td></td><td></td><td></td><td></td><td></td><td></td><td></td><td></td><td></td><td></td><td></td><td></td><td></td><td></td><td></td><td></td><td></td><td></td></tr>
</table>

(2) 2×21 年 6 月 30 日，还本付息时，见表 2-13。

借：短期借款　　　　1 000 000

　　财务费用　　　　30 000

　　贷：银行存款　　　　1 030 000

表 2-13　存（贷）款利息传票

2×21 年 6 月

<table>
<tr><td rowspan="2">借方</td><td>户　名</td><td>康仁电器有限公司</td><td rowspan="2">贷方</td><td>户　名</td><td colspan="2">工商银行深圳龙岗支行</td></tr>
<tr><td>账　号</td><td>332101909234</td><td>账　号</td><td colspan="2">6222001978994</td></tr>
<tr><td rowspan="3">备注</td><td>起息日期</td><td>止息日期</td><td colspan="2">积数</td><td>利率</td><td>利息</td></tr>
<tr><td>2×21.01.01</td><td>2×21.06.30</td><td colspan="2"></td><td>6%</td><td>30 000</td></tr>
<tr><td colspan="2">调整利息：</td><td colspan="4">冲正利息：</td></tr>
<tr><td colspan="7">应收（付）利息合计：⊗叁万元整</td></tr>
</table>

借款通过网上银行支付，凭证见表 2-14。

表 2-14 网上银行资金划拨申请单

2×21 年 6 月 30 日

资金划拨内容：归还短期借款	
划拨金额（大写）：⊗壹佰零叁万元整	¥1 030 000
收款单位开户银行：工商银行深圳龙岗支行	
收款单位账号：6222001978994	
经办人：胡明 财务负责人：顾兰 单位负责人：陈俞	
支付操作：云中天 支付审批：王虹	
备注：	

根据上述业务，登记会计凭证，见表 2-15。

表 2-15 付款凭证

附件：××张

贷方科目：银行存款 2×21 年 6 月 30 日 银付字第08号

摘要	借方科目		账页	金额										记账
	一级科目	二级或明细科目		千	百	十	万	千	百	十	元	角	分	
偿还借款本金及利息 1 030 000 元	短期借款	工行玉石路支行			1	0	0	0	0	0	0	0	0	√
	财务费用						3	0	0	0	0	0	0	√
合计				¥	1	0	3	0	0	0	0	0	0	

会计主管：×× 记账：×× 出纳：×× 审核：××× 填制：××

根据会计凭证，登记账簿，见表 2-16。

表 2-16 明细分类簿

会计科目：短期借款

编　　号：2001

2×21 年		凭证科目代码	摘要	对方科目	借方										贷方										借或贷	余额									
月	日				千	百	十	万	千	百	十	元	角	分	千	百	十	万	千	百	十	元	角	分		千	百	十	万	千	百	十	元	角	分
1	1	银收字第07号	取得短期借款	银行存款												1	0	0	0	0	0	0	0		贷		1	0	0	0	0	0	0	0	0
6	30	银付字第08号	偿还本金	银行存款		1	0	0	0	0	0	0	0	0											平								0	0	0

3. 取得长期借款的核算

企业应通过“长期借款”科目核算长期借款的取得和偿还情况，并分别设置“本金”“应计利息”“利息调整”等二级科目进行明细核算。本科目期末贷方余额，反映企业尚未偿还的长期借款的摊余成本。长期借款的账务处理如下：

企业借入长期借款时

借：银行存款
　　——利息调整
　贷：长期借款——本金

归还借款本息时

借：长期借款——本金
　　　　　　——应计利息（到期一次还本付息）
　　应付利息（分期付息到期还本）
　贷：银行存款

每期计提利息费用时

借：在建工程（经营购建固定资本）
　　财务费用（生产经营）
　　管理费用（筹建期间）
　　研发支出（研发无形资产）
　贷：应付利息（分期付息到期还本的长期借款）
　　　长期借款——应计利息（到期一次还归本息）
　　　　　　　——利息调整

长期借款利息的计算有两种方式，即单利计算法和复利计算法两种。单利计算法是指只按本金计算利息，其所生成利息不再加入本金重复计算利息。其计算公式为：

借款本利和＝本金＋本金×利率×期数

复利计算法是指不仅按本金计算利息，对尚未支付的利息也要计算应付利息。对应计入购建固定资产成本的借款利息，一般在年末和资产交付使用并办理竣工决算时计提入账；如果年内分期支付利息，也可按付息期进行账务处理。

【例 2-5】 康仁电器有限公司向银行借入一笔 4 000 000 元的借款，银行借款利率为 6.5%，借款期限为 4 年，采用单利方式计息。则康仁电器有限公司每年应付的长期借款利息为：

每年的利息＝本金×利率×期数＝4 000 000×6.5%×1＝260 000（元）

四年利息总额＝260 000×4＝1 040 000（元）

四年到期时，程鹏公司需偿还银行的资金总额为：

本利和＝4 000 000＋1 040 000＝5 040 000（元）

4. 复利

复利是指不仅对借款的本金计算利息，其前期所发生的利息也要加入本金重复计算利息，也就是根据本金和前期利息之和计算各期利息，俗称“利滚利”。

其计算公式为：

$$本利和 = 本金 \times (1 + 利率)^{期数}$$

$$利息 = 本利和 - 本金$$

$$= 本金 \times [(1 + 利率)^{期数} - 1]$$

【例 2-6】 康仁电器有限公司向银行借入一笔到期一次还本付息长期借款 500 000 元的借款，年利率为 10%，借款期限为 5 年，采用复利方式计息。借款凭证见表 2-17。

表 2-17 中国银行借款凭证

日期：2×21 年 1 月 1 日

借款人：康仁电器有限公司	贷款账号：
借款种类：一般企业流动性资金贷款	利率：10%
借款用途：材料款	
借款合同科目代码：No45653	
担保合同科目代码：No9436	
借款日期：2×21 年 1 月 1 日	到期日：2×25 年 12 月 31 日
金额：人民币伍佰万元整	存款账号：332101909234217689
上述贷款已入借款人账户	中国人民银行深圳市支行 2×21.01.01 业务办讫章

制单： 复核：

借：银行存款 500 0000

贷：长期借款——工行深圳龙岗支行——本金 5 000 000

根据上述业务，登记会计凭证，见表 2-18。

表 2-18 收款凭证

附件：××张

借方科目：银行存款 2×21 年 1 月 1 日 银收字第08号

摘要	贷方科目		账页	金额										记账
	一级科目	二级或明细科目		千	百	十	万	千	百	十	元	角	分	
从工行深圳龙岗支行取得长期借款 5 000 000 元	短期借款	工行深圳龙岗支行			5	0	0	0	0	0	0	0	0	✓
合计				¥	5	0	0	0	0	0	0	0	0	

会计主管：×× 记账：×× 出纳：×× 审核：××× 填制：××

根据以上会计凭证，登记会计账簿，见表 2-19。

表 2-19　明细分类簿

会计科目：长期借款

编　　号：2501

2×21 年		凭证科目代码	摘要	对方科目	借方										贷方										借或贷	余额									
月	日				千	百	十	万	千	百	十	元	角	分	千	百	十	万	千	百	十	元	角	分		千	百	十	万	千	百	十	元	角	分
1	1	银收字第08号	取得长期借款	银行存款												5	0	0	0	0	0	0	0		贷		5	0	0	0	0	0	0	0	0

则康仁电器有限公司每年应付的长期借款利息见表 2-20，计算方式如下：

第一年的利息 = 5 000 000 × 10% = 500 000(元)

第二年的利息 = (5 000 000 + 500 000) × 10% = 550 000(元)

第三年的利息 = (5 000 000 + 500 000 + 550 000) × 10% = 605 000(元)

第四年的利息 = (5 000 000 + 500 000 + 550 000 + 605 000) × 10% = 665 500(元)

第五年的利息 = (5 000 000 + 500 000 + 550 000 + 605 000 + 665 500) × 10% = 732 050(元)

表 2-20　借款利息计提表

序号	贷款银行	借款金额	年利率	年利息金额
1	中国银行	5 000 000	10%	500 000
2	—	—	—10%	550 000
3	—	—	10%	605 000
4	—	—	10%	665 500
5	—	—	10%	732 050
合计	—	5 000 000	—	3 052 550

审核　　　　　　　　　　制单

5 年到期时康仁电器有限公司需偿还银行的资金总额为：

本利和 = 5 000 000 × $(1+10\%)^5$ = 5 000 000 × 1.610 51

= 8 052 550(元)

五年利息总额＝8 052 550－5 000 000＝3 052 550(元)

＝500 000＋550 000＋605 000＋665 500＋732 050

＝3 052 550(元)

还款付息凭证，见表2-21。

表2-21　中国银行存（贷）款利息凭证

币种：人民币（本位币）　　2×25年12月31日　　单位：元

<table>
<tr><td rowspan="2">付款人</td><td>户　名</td><td colspan="2">康仁电器有限公司</td><td rowspan="2">收款人</td><td>户　名</td><td>普通长期贷款利息收入</td></tr>
<tr><td>账　号</td><td colspan="2">332101909234217689</td><td>账　号</td><td>211565435678512341</td></tr>
<tr><td colspan="2">金额</td><td colspan="2"></td><td colspan="2">计息账号</td><td>211565435678517621</td></tr>
<tr><td colspan="2">借据科目代码</td><td colspan="2"></td><td colspan="2">借据序号</td><td></td></tr>
<tr><td rowspan="4">备注</td><td>起息日</td><td>止息日</td><td>积数</td><td colspan="2">利率</td><td>利息</td></tr>
<tr><td>2×21.01.01</td><td>2×25.12.31</td><td></td><td colspan="2">10%</td><td>3 052 550</td></tr>
<tr><td></td><td></td><td></td><td colspan="2"></td><td></td></tr>
<tr><td colspan="3">调整利息：</td><td colspan="3">冲正利息：</td></tr>
</table>

银行章　　经办人

借：长期借款——本金　　5 000 000

　　长期借款——应计利息　　3 052 550

　　贷：银行存款　　8 052 550

根据上述业务，登记会计凭证，见表2-22。

表2-22　付款凭证　　附件：××张

贷方科目：银行存款　　2×25年12月31日　　银付字第09号

<table>
<tr><td rowspan="2">摘要</td><td colspan="2">借方科目</td><td rowspan="2">账页</td><td colspan="10">金额</td><td rowspan="2">记账</td></tr>
<tr><td>一级科目</td><td>二级或明细科目</td><td>千</td><td>百</td><td>十</td><td>万</td><td>千</td><td>百</td><td>十</td><td>元</td><td>角</td><td>分</td></tr>
<tr><td>偿还借款本金及利息8 052 550元</td><td>长期借款——本金</td><td>工行玉石路支行</td><td></td><td></td><td>5</td><td>0</td><td>0</td><td>0</td><td>0</td><td>0</td><td>0</td><td>0</td><td>0</td><td>✓</td></tr>
<tr><td></td><td>长期借款——应计利息</td><td></td><td></td><td></td><td>3</td><td>0</td><td>5</td><td>2</td><td>5</td><td>5</td><td>0</td><td>0</td><td>0</td><td>✓</td></tr>
<tr><td></td><td></td><td></td><td></td><td></td><td></td><td></td><td></td><td></td><td></td><td></td><td></td><td></td><td></td><td></td></tr>
<tr><td colspan="3">合计</td><td></td><td>¥</td><td>8</td><td>0</td><td>5</td><td>2</td><td>5</td><td>5</td><td>0</td><td>0</td><td>0</td><td></td></tr>
</table>

会计主管：××　记账：××　出纳：××　审核：×××　填制：××

根据会计凭证，登记账簿，见表2-23。

表 2-23　明细分类簿

会计科目：长期借款
编　　号：2001

2×22 年		凭证科目代码	摘要	对方科目	借方										贷方										借或贷	余额									
月	日				千	百	十	万	千	百	十	元	角	分	千	百	十	万	千	百	十	元	角	分		千	百	十	万	千	百	十	元	角	分
1	1		结转上年													5	0	0	0	0	0	0	0		贷		5	0	0	0	0	0	0	0	0
12	31	银付字第09号	偿还本金	银行存款		5	0	0	0	0	0	0	0	0											平								0	0	0

5. 支付利息的核算

应付利息科目按贷款单位和贷款种类进行明细核算。应付利息的账务处理如下：

资产负债表日，对于分期付息、一次还本的长期借款
借：在建工程/制造费用/财务费用/研发支出
　贷：应付利息
　　长期借款——利息调整（借或贷）

对于一次还本付息的长期借款
借：在建工程/制造费用/财务费用/研发支出
　贷：长期借款——应计利息

【例 2-7】　恒昌制药厂借入 5 年期贷款，每年付息到期还本的长期借款 9 000 000元，合同约定年利率为 6%。该企业的会计分录如下：

企业每年应支付的利息＝9 000 000×6%＝540 000（元）

（1）每年计算确定利息费用时。

借：财务费用——利息　　540 000
　贷：应付利息——长期借款　　540 000

登记会计凭证，见表 2-24。

表 2-24　转账凭证　　附件：2 张

2×21 年 1 月 8 日　　转字第008号

摘要	一级科目	二级或明细科目	账页	借方金额										贷方金额										记账
				千	百	十	万	千	百	十	元	角	分	千	百	十	万	千	百	十	元	角	分	
计提长期借款利息费用	财务费用	利息				5	4	0	0	0	0	0	0											√
	应付利息	长期借款														5	4	0	0	0	0	0	0	√
合计					¥	5	4	0	0	0	0	0	0		¥	5	4	0	0	0	0	0	0	

会计主管：××　　记账：××　　出纳：××　　审核：×××　　填制：××

(2) 每年实际支付利息时。

借：应付利息——长期借款　　　　　　　　540 000

　　贷：银行存款　　　　　　　　　　　　　540 000

根据上述业务，登记会计凭证，见表2-25。

表2-25　付款凭证

附件：1张

贷方科目：银行存款　　　　2×21年6月30日　　　　银付字第012号

摘要	借方科目		账页	金额										记账
	一级科目	二级或明细科目		千	百	十	万	千	百	十	元	角	分	
支付长期借款利息540 000元	应付利息	长期借款				5	4	0	0	0	0	0	0	✓
	银行存款					5	4	0	0	0	0	0	0	✓
合计					¥	5	4	0	0	0	0	0	0	

会计主管：××　　记账：××　　出纳：××　　审核：×××　　填制：××

根据会计凭证，登记账簿，见表2-26。

表2-26　明细分类簿

会计科目：应付利息

编　　号：2231

2×21年		凭证科目代码	摘要	对方科目	借方										贷方										借或贷	余额									
月	日				千	百	十	万	千	百	十	元	角	分	千	百	十	万	千	百	十	元	角	分		千	百	十	万	千	百	十	元	角	分
1	8	转008	计提利息	财务费用													5	4	0	0	0	0	0		贷			5	4	0	0	0	0	0	0
6	30	银付字012号	偿还利息	银行存款			5	4	0	0	0	0	0	0											平								0	0	0

第 3 章　企业采购阶段会计处理

一般来说，企业采购活动一般分为项目采购和运营采购。其中，项目采购包括工程建设项目采购、技术改造项目采购、生产设备设施采购、生产维护项目采购等；运营采购包括原材料物资采购、零件部件模块或咨询服务采购、劳务服务采购、企业产品和运行维护服务采购、物流和仓储服务采购等。本章详细介绍项目采购与运营采购的会计与税务处理。

3.1　采购方式与会计科目设置

采购是企业在一定的条件下从供应市场获取产品或服务作为企业资源，以保证企业生产及经营活动正常开展的一项企业经营活动。

3.1.1　采购方式

企业常用的采购方式包括招标采购、询价采购、谈判采购、比选采购、磋商（竞争性谈判）、直接采购等。企业一般会根据自身状况，选择合适的采购方式。

1. 招标采购

招标采购是由需求方提出招标条件和合同条件，且有许多供应商同时投标报价。通过招标，需求方能够获得价格更合理，条件更为优惠的物资供应。

招标分为公开招标和邀请招标两种方式。

（1）公开招标，是指采购人按照法定程序，通过发布招标公告，邀请所有潜在的不特定的供应商参加投标。采购人通过某种事先确定的标准，从所有投标供应商中择优评选出中标供应商，并与之签订合同的一种采购方式。无论是工程招标项目，还是政府采购项目，公开招标都是最主要的招标方式。

（2）邀请招标也称选择性招标，是由采购人根据供应商或承包商的资信和业绩，选择一定数目的法人或其他组织（不能少于 3 家），向其发出招标邀请书，邀请他们参加投标竞争，从中选定中标供应商的一种采购方式。

2. 询价采购

询价采购是指对几个供应商（通常至少 3 家）的报价进行比较，以确保价格具有竞争性的一种采购方式。它既能满足采购单位数量多、金额较小、时间要求紧的采购需求，同时也能有效地节约采购过程的成本，是一种较为常用的采购方式。

3. 谈判采购

针对采购的特殊要求，采购人与供应商或承包商依据既定程序通过面对面讨论、对话和谈判缔结合同的采购方法。采购谈判，是指买方与卖方厂商对购销业务有关事项，如商品的品种、规格、技术标准、质量保证、订购数量、包装要求、售后服务、价格、交货日期与地点、运输方式、付款条件等进行反复磋商，谋求达成协议，建立双方都满意的购销关系。

4. 比选采购

比选由采购人公开发出采购信息，邀请多个供应商或承包人就采购工程、货物或劳务提供报价和实施方案，按照事先公布的规则和标准进行比较，择优选择交易对象的采购方式。比选采购适用金额较小，达不到招标采购标准或时间紧迫，具有公开性要求，既要对比价格，又要对比能力或实施方案的采购。比选是区别于公开招标、邀请招标、竞争性谈判、询价和单一来源采购的一种选择方式。

5. 磋商（竞争性谈判）

竞争性谈判是采购人向符合相应资格条件的多家（一般不少于 3 家）供应商或承包人发出谈判文件，分别通过报价、还价、承诺等谈判商定价格、实施方案和合同条件，并依据谈判文件确定的采购需求及质量和服务要求，以报价最低的原则，从谈判对象中确定交易对象的采购方式。

6. 直接采购

在特定条件下，采购人与单一或多家供应商或承包商直接采购的一种非竞争性的采购方法。

3.1.2 固定资产的核算

各部门采购固定资产，必须填写请购单，由固定资产管理员签字确认。到货后，到固定资产管理员处领取号牌登记。固定资产管理员按顺序制作号牌，并记录固定资产卡片或固定资产台账，做好固定资产账务登记工作。包括：固定资产名称、固定资产编号、采购原值、预计使用年限、净残值、使用部门等信息。

登记固定资产卡片的工作可以由固定资产管理员或固定资产会计来完成。固定资产管理员搜集采购合同、请购单、固定资产发票及填写固定资产使用表单后，填写报销单，至固定资产会计处报销、入账，请求付款。

年终固定资产管理员与固定资产会计等一起进行固定资产清查盘点，对盘盈、盘亏的固定资产报批后做出处理。固定资产折旧方法可以采用年限平均法、工作量法、双倍余额递减法、年数总和法等。固定资产折旧方法一经确定，不得随意变更。（企业将能分清经营部门的折旧费列入各部门的销售费用；分不清使用部门的折旧费在管理费用中核算。）

企业通过外购取得固定资产，通常设置以下账户对固定资产业务进行会计核算。

1. “固定资产”账户

“固定资产”账户属于资产类账户，用以核算企业持有的固定资产原价。该账户的借方登记固定资产原价的增加，贷方登记固定资产原价的减少。期末余额在借方，反映企业期末固定资产的原价。

借方　　　　固定资产账户　　　　贷方

期初余额	
本期固定资产增加额	本期固定资产减少额
本期借方发生额合计	本期贷方发生额合计
期末余额	

"固定资产"科目一般分为三级，企业除了应设置"固定资产"总账科目，还应设置"固定资产登记簿"和"固定资产卡片"，按固定资产类别、使用部门和每项固定资产进行明细核算。

2. "在建工程"账户

"在建工程"账户属于资产类账户，用以核算企业基建、更新改造等在建工程发生的支出。

购入需安装的固定资产在取得成本的基础上加上安装调试成本等，确认固定资产初始成本。先通过"在建工程"科目核算，待安装完毕后达到预定可使用状态，转入"固定资产"科目。

借方　　在建工程账户　　贷方

期初余额	
本期在建工程增加额	本期在建工程减少额
本期借方发生额合计	本期贷方发生额合计
期末余额	

固定资产应当按照取得时成本进行初始计量。对于特定行业的特定固定资产（如核工业反应堆），确定其初始入账成本时还应考虑弃置费用。

企业外购固定资产的成本，包括购买价款、相关税费和使固定资产达到预定可使用状态前所发生的可归属于该项资产的运输费、装卸费、安装费和专业人员服务费（不含可抵扣的增值税进税额）等。

固定资产入账成本＝买价＋装卸费＋运输费＋安装费＋专业人员服务费等

提示

一般纳税人购入固定资产支付的增值税，可以作为进项税抵扣。小规模纳税人购入固定资产支付的增值税不可以抵扣，直接计入固定资产的成本。

【例3-1】 新康电器有限公司是一般纳税人，2×21年2月3日，全款购入一幢办公大楼，支付买价124 000 000元，增值税16 120 000元。根据相关单据，账务处理如下：

借：固定资产——办公大楼　　　　　　　　　　124 000 000

　　应交税费——应交增值税（进项税额）　　　　16 120 000

　　贷：银行存款　　　　　　　　　　　　　　　　140 120 000

根据上述业务，登记会计凭证，见表3-1。

表 3-1　付款凭证

附件：××张

贷方科目：银行存款　　　　2×21年2月3日　　　　银付字第012号

摘要	借方科目		账页	金额												记账
	一级科目	二级或明细科目		十	万	千	百	十	万	千	百	十	元	角	分	
购入办公大楼	固定资产	办公大楼			1	2	4	0	0	0	0	0	0	0	0	✓
	应交税费	应交增值税（进项税额）				1	6	1	2	0	0	0	0	0	0	✓
合计				¥	1	4	0	1	2	0	0	0	0	0	0	

会计主管：××　　记账：××　　出纳：××　　审核：××　　填制：××

根据会计凭证，登记账簿，见表3-2。

表 3-2　明细分类簿

会计科目：固定资产

编　　号：1601

2×21年		凭证科目代码	摘要	对方科目	借方												贷方													余额											
月	日				十	万	千	百	十	万	千	百	十	元	角	分	十	万	千	百	十	万	千	百	十	元	角	分		十	万	千	百	十	万	千	百	十	元	角	分
			结转上年																										借		1	4	0	0	8	0	0	0	0	0	0
2	3	银付第012号	购入办公大楼	银行存款		1	2	4	0	0	0	0	0	0	0	0													借		2	6	4	0	8	0	0	0	0	0	0

《财政部 税务总局 海关总署关于深化增值税改革有关政策的公告》（财政部 税务总局 海关总署公告2019年第39号）第五条规定，自2019年4月1日起，纳税人取得不动产或者不动产在建工程的进项税额不再分两年抵扣。

提示

> 根据财政部和税务总局颁布的《关于租入固定资产进项税额抵扣等增值税政策的通知》（财税〔2017〕90号）中规定：
>
> 自2018年1月1日起，纳税人租入固定资产、不动产，既用于一般计税方法计税项目，又用于简易计税方法计税项目、免征增值税项目、集体福利或者个人消费的，其进项税额准予从销项税额中全额抵扣。

租入固定资产和不动产的进项税额抵扣政策可归纳为：自2018年1月1日起，纳税人租入的固定资产和不动产，其进项税额要么全额抵扣，要么不能抵扣。

【例3-2】 2×22年2月1日，安家房地产有限公司从立鑫制造有限公司购入一台需要安装的甲设备。双方签订设备购买合同，合同注明设备买价136 000元，增值税17 680元。付款条款为：合同签订之日起支付设备买价30%作为预付款，其余款项安装完成并验收合格后支付。设备由供货方安装，安装费2 834元，取得增值税专用发票。安顺物流公司负责运输，发生运杂费327元（运输公司增值税率为9%），用银行存款付讫。

（1）合同签订之日起支付设备买价30%，即136 000×30%=40 800（元）。

借：合同资产——立鑫制造有限公司　　40 800

　贷：银行存款　　40 800

（2）购入设备成本 = 136 000 + 327 ÷（1 + 9%）= 136 300(元)

（3）运费的进项增值税额 = 327 ÷（1 + 9%）× 9% = 27(元)

（4）支付安顺物流公司运输费用327元。

借：在建工程　　300

　应交税费——应交增值税（进项税额）　　27

　贷：银行存款——安顺物流公司　　327

（5）购入设备时。

借：在建工程　　136 000

　应交税费——应交增值税（进项税额）　　17 680

　贷：应付账款　　112 880

　　预付账款——立鑫制造有限公司　　40 800

(6) 安装设备时：2 834÷(1+9%)=2 600（元）

借：在建工程　　2 600

　　应交税费——应交增值税（进项税额）　　234

　　贷：应付账款　　2 834

(7) 2×22 年 2 月 26 日，设备安装完毕，验收合格并交付使用。

固定资产入账价值 = 136 300 + 2 600 = 138 900(元)

借：固定资产　　138 900

　　贷：在建工程　　138 900

同时，支付剩余款项。

借：应付账款——立鑫制造有限公司　　115 714

　　贷：银行存款　　115 714

本案例中，立鑫制造有限公司销售设备含安装服务，为混合销售。销售设备与提供劳务分别开具增值税专用发票，购进设备增值税率为 13%，安装服务增值税率为 9%；否则，从高适用税率。

固定资产台账

所属部门：生产车间　　2×21 年 2 月 26 日

序号	名称	规格	计量单位	数量	起用时间	使用寿命	年折旧率	原值	净值	使用部门	位置	变动情况	备注
1	甲设备		台	1	2×22 年 2 月 26 日	10	10%	138 900		生产车间			

3.2　材料采购业务的会计处理

材料采购成本是指企业物资从采购到入库前所发生的全部支出，包括购买价款、相关税费、运输费、装卸费、保险费以及其他可归属于采购成本的费用。在实务中，企业也可以将发生的运输费、装卸费、保险费以及其他可归属于采购成本的费用等先进行归集，期末按照所购材料的存销情况进行分摊。

3.2.1 材料采购会计科目设置

企业通常设置以下账户对材料采购业务进行会计核算。

1. “原材料”账户

“原材料”账户属于资产类账户，用以核算企业库存的各种材料，包括原料及主要材料、辅助材料、外购半成品（外购件）、修理用备件（备品备件）、包装材料、燃料等的计划成本或实际成本。企业收到来料加工装配业务的原料、零件等，应当设置备查簿进行登记。

“原材料”科目的借方用于核算已办验收入库材料的实际成本；贷方用于核算发出材料的实际成本；期末借方余额为库存原材料的实际成本。

借方　　原材料账户　　贷方

期初余额	
本期原材料增加额	本期原材料减少额
本期借方发生额合计	本期贷方发生额合计
期末余额	

2. “在途物资”账户

“在途物资”属于资产类账户，用以核算企业采用实际成本（或进价）进行材料、商品等物资的日常核算、货款已付但尚未验收入库的在途物资的采购成本。

“在途物资”账户借方登记购入材料、商品等物资的买价和采购费用（采购实际成本），贷方登记已验收入库材料、商品等物资应结转的实际采购成本。期末余额在借方，反映企业期末在途材料、商品等物资的采购成本。

借方　　在途物资账户　　贷方

期初余额	
本期在途物资增加额	本期在途物资减少额
本期借方发生额合计	本期贷方发生额合计
期末余额	

3.2.2 取得原材料时的账务处理

材料按实际成本法核算时，材料的收发与结存，均按实际成本计价。应设置“原材料”“在途物资”会计科目。

原材料账户可按材料的保管地点（仓库）、材料的类别、品种和规格等进行明细核算。在途物资科目可按照供应单位和物资品种进行明细核算。

在途物资的主要账务处理如下所示。

企业购入材料、商品，按应计入材料、商品采购成本的金额	所购材料、商品到达验收入库
借：在途物资 应交税费——应交增值税（进项税额） 贷：银行存款/应付账款/应付票据	借：原材料/库存商品 贷：在途物资

提示

为建造固定资产等各项工程而储备的各种材料，虽然同属于材料，但是由于用于建造固定资产各项工程，不符合存货的定义，因此不能作为企业存货核算。

【例 3-3】 2×21 年 1 月 20 日，康达电子有限公司购入 A 材料，单价 200 元/千克，企业购入 4 000 千克，增值税专用发票注明增值税率为 13%。运输费为 545 元，消费税 1 000 元。款项已付，A 材料尚未验收入库。

计算 A 材料实际成本 $= 200 \times 4\ 000 + [545 \div (1 + 9\%)] + 1\ 000 = 801\ 500$(元)

运费的增值税 $= [545 \div (1 + 9\%)] \times 9\% = 45$(元)

进项税额 $= (200 \times 4\ 000) \times 13\% + 45 = 104\ 045$(元)

(1) 企业购进材料，且尚未验收入库。登记会计凭证，见表 3-3。

借：在途物资　　801 500

　　应交税费——应交增值税（进项税额）　　104 045

　　贷：银行存款　　905 545

根据上述业务，登记会计凭证，见表 3-3。

表 3-3　付款凭证

附件：3 张

贷方科目：银行存款　　2×21 年 1 月 20 日　　银付字第013号

摘要	借方科目		账页	金额										记账
	一级科目	二级或明细科目		千	百	十	万	千	百	十	元	角	分	
支付 A 材料款	在途物资	A 材料				8	0	1	5	0	0	0	0	✓
	应交税费	应交增值税（进项税额）				1	0	4	0	4	5	0	0	✓
合计					¥	9	0	5	5	4	5	0	0	

会计主管：××　　记账：××　　出纳：××　　审核：××　　填制：××

（2）2×21 年 1 月 23 日，公司对材料验收入库，登记会计凭证，见表 3-4。

借：原材料——A 材料　　801 500

　　贷：在途物资——A 材料　　801 500

根据上述业务，登记会计凭证，见表 3-4。

表 3-4　转账凭证

附件：××张

2×21 年 1 月 23 日　　转字第022号

摘要	一级科目	二级或明细科目	账页	借方金额									贷方金额									记账
				百	十	万	千	百	十	元	角	分	百	十	万	千	百	十	元	角	分	
A 材料入库	原材料	A 材料			8	0	1	5	0	0	0	0										✓
	在途物资	A 材料												8	0	1	5	0	0	0	0	✓
合计				¥	8	0	1	5	0	0	0	0	¥	8	0	1	5	0	0	0	0	

会计主管：××　　记账：××　　出纳：××　　审核：××　　填制：××

根据会计凭证，登记账簿，见表 3-5。

表 3-5　明细分类簿

会计科目：A 原材料
编　　号：1403

2022 年		凭证科目代码	摘要	对方科目	借方										贷方										借或贷	余额									
月	日				千	百	十	万	千	百	十	元	角	分	千	百	十	万	千	百	十	元	角	分		千	百	十	万	千	百	十	元	角	分
1	1		期初余额																						借			2	4	0	0	0	0	0	0
1	23	转字第 022 号	A 材料入库				8	0	1	5	0	0	0	0											借		1	0	4	1	5	0	0	0	0

1. 单货同到

单货同到是指发票已到，材料验收入库。

【例 3-4】　2×21 年 1 月 11 日，康达电子有限公司从梅州公司购入50 吨乙材料，增值税专用发票注明原料价款 60 000 元，增值税 7 800 元。康达电子有限公司收到物资并验收入库，由于银行存款不足而暂未支付货款。增值税专用发票见表 3-6。

表 3-6　深圳增值税专用发票

全国统一发票监制章　发票联　深圳　国家税务总局监制

442016240　　　　　　　　　　　　　　　　　　　　　　　No：010934342

开票日期：2×21 年 1 月 11 日

购货单位	名称：康达电子有限公司 统一社会代码：99110132465422145H 地址、电话：深圳市龙岗区仙霞路 2 号　64322128 开户行及账号：工商银行深圳龙岗支行 332101909234217689	密码区	略

货物或应税劳务名称	规格型号	单位	数量 50	单价	金额	税率（%）	税额
乙材料		吨		1 200	60 000		7 800
合计					¥60 000	13%	¥7 800
价税合计（大写）	陆万柒仟捌佰元整				（小写）¥67 800		

销货单位	名称：梅州公司 纳税人识别号：×××× 地址、电话：佛山北路 70 号　0757-876532349 开户行及账号：中行佛山北路分理处 06613254310776	备注	梅州公司 ×××× 发票专用章

收款人：贾小玉　　复核：田云　　开票人：李凤珍　　销货单位：

借：原材料——乙材料　　　　　　　　　　　　　　　60 000

　　应交税费——应交增值税（进项税额）　　　　　　　7 800

　　贷：应付账款——梅州公司　　　　　　　　　　　　　67 800

根据上述业务，登记会计凭证，见表 3-7。

表 3-7　转账凭证

附件：4 张

2×21 年 1 月 11 日　　　　　　　　　　　　　　　　　　转字第 22 号

摘要	一级科目	二级或明细科目	页	借方金额									贷方金额									记账
				百	十	万	千	百	十	元	角	分	百	十	万	千	百	十	元	角	分	
入库乙材料	原材料	乙材料				6	0	0	0	0	0	0										✓
	应交税费	应交增值税（进项税额）					7	8	0	0	0	0										✓
	应付账款	梅州公司													6	7	8	0	0	0	0	✓
合计					¥	6	7	8	0	0	0	0		¥	6	7	8	0	0	0	0	

会计主管：××　　记账：××　　出纳：××　　审核：××　　填制：××

2. 单到货未到

单到货未到是指发票已到，材料未验收入库。如货款已经支付，借方记入“在途物资”，税额视是否认证抵扣计入“进项税额”专栏或“应交增值税——待认证进项税额”明细科目等账户，贷方记入“银行存款”账户；如货款尚未支付，则暂不需处理，待支付货款或收到材料时进行处理。

【例 3-5】　承上例，企业通过银行进行结算，但到月末尚未收到材料。转账支票存根见表 3-8。

表 3-8　网上银行资金划拨申请单

2×21 年 1 月 9 日

资金划拨内容：支付梅州公司货款	
划拨金额（大写）：陆万柒仟捌佰元整	¥67 800
收款单位户名：梅州公司	
收款单位开户银行：中行河西镇分理处	
支付操作：云岚　　支付审批：梅兰	
备注：	
收款单位账号：66453432436	
经办人：付晴　　财务负责人：张楠　　单位负责人：张龙	

发票未认证时，会计分录如下所示。

借：在途物资——A 材料　　　　　　　　　　　　60 000

　　应交税费——待认证进项税额　　　　　　　　7 800

　　贷：银行存款　　　　　　　　　　　　　　　　67 800

根据上述业务，登记会计凭证，见表 3-9。

表 3-9　付款凭证

附件：3 张

贷方科目：银行存款　　　　2×21 年 1 月 20 日　　　　银付字第023号

摘要	借方科目		账页	金额										记账
	一级科目	二级或明细科目		千	百	十	万	千	百	十	元	角	分	
支付 A 材料款	在途物资	A 材料					6	0	0	0	0	0	0	✓
	应交税费	待认证进项税额						7	8	0	0	0	0	✓
合计						¥	6	7	8	0	0	0	0	

会计主管：××　　记账：××　　出纳：××　　审核：××　　填制：××

认证抵扣后，会计分录如下所示。

借：应交税费——应交增值税（进项税额）　　　　7 800

　　贷：应交税费——待认证进项税额　　　　　　　7 800

小提示

由于税务局没有要求企业“进项税额”要与“销项税额”相匹配，当期无销项或者销项税额不足，仍然可以申报抵扣进项税额，超出部分自然形成留抵税额，且没有时间限制。因此，建议相关企业取得专用发票后，第一时间认证抵扣，以减少税会差异和核算的工作量。

若 2×21 年 2 月 25 日，上述材料验收入库，材料入库单见表 3-10，编制会计分录。

借：原材料——乙材料　　　　　　　　　　　　60 000

　　贷：在途物资——乙材料　　　　　　　　　　　60 000

表 3-10　材料入库单

2×21 年 2 月 25 日

	规格型号	数量		单位	单价	金额									
		交库	实收			千	百	十	万	千	百	十	元	角	分
乙材料		50	50	吨	1 200				6	0	0	0	0	0	0
合计								¥	6	0	0	0	0	0	0

根据上述业务，登记会计凭证，见表 3-11。

表 3-11　转账凭证

附件：××张

2×21 年 2 月 25 日　　　　转字第024号

摘要	一级科目	二级或明细科目	页	借方金额									贷方金额									记账
				百	十	万	千	百	十	元	角	分	百	十	万	千	百	十	元	角	分	
乙材料入库	原材料	乙材料				6	0	0	0	0	0	0										✓
	在途物资	乙材料													6	0	0	0	0	0	0	✓
合计					¥	6	0	0	0	0	0	0		¥	6	0	0	0	0	0	0	

会计主管：××　　记账：××　　出纳：××　　审核：××　　填制：××

根据会计凭证，登记账簿，见表 3-12。

表 3-12　明细分类簿

会计科目：原材料——乙材料

编　　号：1403

2×21 年		凭证科目代码	摘要	对方科目	借方										贷方										借或贷	余额									
月	日				千	百	十	万	千	百	十	元	角	分	千	百	十	万	千	百	十	元	角	分		千	百	十	万	千	百	十	元	角	分
1	1		期初余额																						借			2	0	1	0	0	0	0	0
1	25	转字第024号	乙材料验收入库	在途物资				6	0	0	0	0	0	0											借			2	6	1	0	0	0	0	0

3. 货到单未到

货到单未到是指发票未到，材料已验收入库。在月份内，一般暂不进行处理，待有关发票到达、支付货款时，再按正常程序进行处理。如果到月末发票还未到达，为了使账实相符，应按材料的暂估价款入账，下月初用红字冲回，以便下个月收到发票时按正常处理。

【例 3-6】 接上例，暂估入库。

借：原材料　　　　60 000

　　贷：应付账款　　　　60 000

3.3　自营进口货物的核算

自营进口货物的核算原则如下：

（1）自营进口货物销售入账时间。

以进口企业与国内客户双方选定采取的结算时点而定，也就是三种结算（单到结算、货到结算、出库结算）时间任选其一，以约定为准。

（2）自营进口货物销售收入的价格确认。

以出口方开具的发票原币金额乘以汇率，折合为人民币数额为入账价格，因此入账价格会出现 CIF、CFR、FOB 等价格。即以 CFR 或 FOB 价格进口的货物，换算为 CIF 价格，以统一进口价格基础，便于计算进口批次损益的互相比较。

（3）进口货物发生的国外运费、保险费、理赔款的处理。

进口货物发生的国外运费、保险费增加进口成本，理赔款应作减少进口货物成本处理。

（4）进口货物缴纳的关税、消费税的处理。

进口货物缴纳的关税、消费税属于价内税，计入进口货物成本。

3.3.1　自营进口货物采购成本的构成

自营进口商品采购成本以到岸价为基础。采购成本由国外进价、进口税金两部分构成。

1. 国外进价

国外进价一律以 CIF 价格为基础，如果以 FOB 价格或 CFR 价格成交的，应由外贸企业负担的国外运费和保险费均作为商品的国外进价入账。外贸企业收到能够直接认定的进口商品佣金、应冲减商品的国外进价。对于难以按商品直接认定的佣金，如累计佣金则只能冲减“主营业务成本”账户。

(1) 以CIF价格为基础，计算公式如下：

自营进口商品的采购成本＝CIF＋税金(进口关税、进口消费税)－收到的进口佣金＋国内运费

(2) 以FOB价格为基础，计算公式如下：

自营进口商品的采购成本＝FOB＋境外运费、保险费－收到的进口佣金＋税金＋国内运费

(3) 以CFR价格为基础，计算公式如下：

自营进口商品的采购成本＝CFR＋国外保险费－收到的进口佣金＋税金＋国内运费

2. 进口税金

进口税金是指进口商品在进口环节应交纳的计入商品成本的各种税金，它包括海关征收的关税和消费税。

计算公式如下：

进口关税＝CIF×适用税率

进口消费税＝(CIF＋关税)÷(1－消费税率)×消费税率

进口增值税＝(CIF＋关税＋消费税)×税率

3.3.2 自营进口商品购进的账务处理

自营进口商品购进的账务处理，见表3-13。

表3-13 自营进口业务的账务处理

<table>
<tr><th>发生业务时</th><th colspan="2">账务处理</th></tr>
<tr><td>预存保证金时</td><td colspan="2">借：其他货币资金——L/C存款（外币或人民币）
贷：银行存款（外币或人民币）</td></tr>
<tr><td rowspan="2">接到银行转来的国外单据</td><td>付款赎单时</td><td>借：在途物资——进口商品
贷：其他货币资金——L/C存款（外币或人民币）</td></tr>
<tr><td>支付国外运保费、佣金时</td><td>借：在途物资——进口商品
贷：银行存款（外币或人民币）</td></tr>
<tr><td>报关时，按海关纳税通知</td><td colspan="2">借：在途物资——进口商品（进口关税、消费税）
贷：应交税费——进口关税
——消费税</td></tr>
</table>

续上表

发生业务时	账务处理
按海关纳税通知和规费收据支付时	借：应交税费——进口关税 ——消费税 ——应交增值税（进项税额） 销售费用（海关规费） 贷：银行存款
支付进口增值税时	借：应交税费——应交增值税（进项税额） 贷：银行存款
支付国内运杂费等时	借：在途物资 贷：银行存款
进口货物入库时	借：库存商品——库存进口商品 贷：在途物资——进口商品

【例 3-7】 2×21 年 1 月，深圳恒阳进出口公司从法国进口一批红酒，采用信用证结算，相关单据见表 3-14 至表 3-15。

（1）1 月 10 日，接到银行转来的全套结算单据，开列红酒 500 箱，每箱 FOB 价格为 300 美元，货款共计 150 000 美元，审核无误后，购汇予以支付，当日银行汇率 1 美元＝6.40 元人民币。

表 3-14 中华人民共和国海关进口货物报关单

预录入编号： 海关编号：

进口口岸 深圳海关	备案号（1） C51066000019	进口日期 2×21 年 1 月 15 日	申报日期 2×21 年 1 月 18 日	
经营单位 （440193＊＊＊）	运输方式（2） 江海运输	运输工具名称（3） SUI DONG FANG/ 510100607150	提运单号（4） 06XF02014	
收货单位 （440193＊＊＊） 深圳恒阳进出口公司	贸易方式（5） 一般贸易	征免性质（6） 一般征税	征税比例 T/T	
许可证号	起运国（地区）（7） 法国	装货港 BREST 布雷斯特	境内目的地 深圳	
批准文号	成交方式（8） CIF	运费	保费	杂费
合同协议号 BTNU0945-46	件数（9）	包装种类（10） CASE	毛重（千克） （11）7640	净重（千克） （12）7073

集装箱号	随附单据（13） 商业发票、装箱单	用途（14）
标记唛码及备注 All business, whether involving transport or not, is handled subject to our general conditions.		
项号（15） 商品编号 商品名称规格型号（16）数量及单位（17）原产国（18） 单价 总价（19） 币制（20） 征免		
1. 6005343 Red Wine500CASES 法国 150000 USD 照章征税		
税费征收情况		
录入员 录入单位	兹声明以上申报无讹并承担法律责任	海关审单批注及放行日期（盖章）（略） 审单 审价
报关员 单位地址 邮编 电话	申报单位（盖章）（略） 填制日期	征税 统计 查验 放行

表 3-15 外汇会计账簿（结售汇、套汇）

机构号码：091076535　　　　日期：2×21 年 1 月 10 日

业务编号		×××	业务类型	售　汇		起息日	××
借方或付款单位	名　称	深圳恒阳进出口公司		贷方或收款单位	名　称	汇出汇款	
	账　号	34275318			账　号		
	币种与金额	CNY 1 280 000			币种与金额	USD 150 000	
	汇率/利率	6.40	开户行		汇率/利率	6.40	
收汇金额			发票号	挂销单号			
交易摘要	购汇 USD150 000，汇往法国						

交易代码　　　　授权　　　　复核　　　　经办

借：在途物资——红酒（300×500×6.40）　　960 000

　　贷：银行存款　　960 000

根据会计分录，登记会计凭证，见表 3-16。

表 3-16　记账凭证

2×21 年 1 月 10 日　　　　字第 012 号

摘要	会计科目		美元金额										汇率	借方人民币金额										贷方人民币金额										记账
			千	百	十	万	千	百	十	元	角	分		千	百	十	万	千	百	十	元	角	分	千	百	十	万	千	百	十	元	角	分	
进口红酒500箱	在途物资	红酒														9	6	0	0	0	0	0	0											✓
	银行存款	美元户			1	5	0	0	0	0	0	0	6.40													9	6	0	0	0	0	0	0	✓
合计															¥	9	6	0	0	0	0	0	0		¥	9	6	0	0	0	0	0	0	

会计主管：××　　记账：××　　审核：××　　制单：××

（2）1 月 15 日，支付国外运费 1 000 美元，保险费 200 美元，当日汇率 1 美元＝6.40 美元，登记会计凭证，见表 3-17。

借：在途物资——红酒［(1 000＋200)×6.40］　　7 680

　　贷：银行存款　　7 680

表 3-17　记账凭证

2×21 年 1 月 10 日　　　　字第　013 号

摘要	会计科目		美元金额										汇率	借方人民币金额										贷方人民币金额										记账
			千	百	十	万	千	百	十	元	角	分		千	百	十	万	千	百	十	元	角	分	千	百	十	万	千	百	十	元	角	分	
支付国外运费与保险费	在途物资	红酒																7	6	8	0	0	0											✓
	银行存款	美元户					1	2	0	0	0	0	6.40															7	6	8	0	0	0	✓
合计																	¥	7	6	8	0	0	0				¥	7	6	8	0	0	0	

会计主管：周明　　记账：张洁　　审核：李月　　制单：陈英

（3）1 月 25 日，货物抵达我国口岸，假定进口关税税率 14%，进口消费税税率 10%，进口增值税 13%，相关单据见表 3-18 至表 3-20。

进口红酒完税价格 ＝ 960 000＋7 680 ＝ 967 680(元)

应交进口关税 ＝ 967 680×14% ＝ 135 475.20(元)

组成计税价格＝(关税完税价格＋关税)÷(1－消费税税率)

＝(967 680＋135 475.20)÷(1－10%) ＝ 1 225 728(元)

应交进口消费税 = 1 225 728 × 10% = 1 225 72.80(元)

应交进口增值税 = 1 225 728 × 13% = 159 344.64(元)

表 3-18　中华人民共和国海关进口关税专用缴款书

填发日期：2×21 年 1 月 25 日

收入系统：　　　　No：0234543

收款单位	收入机关	中央金库			缴款单位（人）	名称	深圳恒阳进出口公司
	科　目	进口关税	预算级次	中央		账号	34275318
	收款国库	罗湖区中心支库				开户银行	工商银行深圳北蜂窝支行营业室

税号	货物名称	数量	单位	完税价格	价格税率	税款金额
××	红酒	500	箱	967 680	14%	135 475.20
金额人民币（大写）⊗壹拾叁万伍仟肆佰柒拾伍元贰角整					合计（小写）	135 475.20

申请单位编号	×××	报关编号	××	填制单位	收款国库（银行）
合同（批文）号	×××	运输工具号			
交缴期限	×××	提/装货单号	×××		
				制单人____ 复核人____	

GS01 北京　　　　**表 3-19　海关进口增值税专用缴款书**

收入系统：税务系统

填发日期：2×21 年 1 月 25 日　　　　号码：029820050185054065-I02

收入机关	收入机关	中央金库			缴款单位（个人）	名称	深圳恒阳进出口公司
	科　目	进口增值税	预算级次	账号		账号	34275318
	收款国库	罗湖区中央支库				开户银行	工商银行深圳北蜂窝支行营业室

税号	货物名称	数量	单位	完税价格	税率（%）	税款金额
××	红酒	500	箱	967 680	13%	159 344.64
金额人民币（大写）	⊗壹拾伍万玖仟叁佰肆拾肆元陆角肆分				合计（小写）	159 344.64

申请单位编号	×××	报关单编号	×××	填制单位	收款国库（银行）
合同批文	×××	运输工具			
缴款期限		提货单号	×××		
备注　　照章征税　25/1/2021 国际代码：5				制单人： 复核人：	

第一联（收据）国库收款签单后交缴款单位或缴纳人

表 3-20　中华人民共和国海关消费税专用缴款书

填发日期：2×21 年 1 月 25 日

收入系统：　　　　　　　　　　　　　　　　　　　　No：0234543

<table>
<tr><td rowspan="3">收款单位</td><td>收入机关</td><td colspan="3">中央金库</td><td rowspan="3">缴款单位（人）</td><td>名称</td><td>深圳恒阳进出口公司</td></tr>
<tr><td>科　　目</td><td>进口关税</td><td>预算级次</td><td>中央</td><td>账号</td><td>34275318</td></tr>
<tr><td>收款国库</td><td colspan="3">罗湖区中心支库</td><td>开户银行</td><td>工商银行深圳北蜂窝支行营业室</td></tr>
<tr><td>税号</td><td>货物名称</td><td>数量</td><td>单位</td><td>完税价格</td><td>价格税率</td><td colspan="2">税款金额</td></tr>
<tr><td>××</td><td>红酒</td><td>500</td><td>箱</td><td>967 680</td><td>10%</td><td colspan="2">122 572.80</td></tr>
<tr><td></td><td></td><td></td><td></td><td></td><td></td><td colspan="2"></td></tr>
<tr><td colspan="5">金额人民币（大写）⊗壹拾贰万贰仟伍佰柒拾贰元捌角整</td><td>合计（小写）</td><td colspan="2">122 572.80</td></tr>
<tr><td>申请单位编号</td><td></td><td>报关编号</td><td colspan="2">1235467</td><td rowspan="4">填制单位
填制人
复核人</td><td colspan="2" rowspan="4">收款国库（银行）</td></tr>
<tr><td>合同（批文）号</td><td></td><td>运输工具号</td><td colspan="2"></td></tr>
<tr><td>交缴期限</td><td></td><td>提/装货单号</td><td colspan="2"></td></tr>
<tr><td colspan="5"></td></tr>
</table>

第一联（收据）国库收款签单后交缴款单位或缴纳人

借：在途物资——红酒　　　　　　　　　　　258 048

　　贷：应交税费——应交进口关税　　　　　　　135 475.20

　　　　　　　　——应交消费税　　　　　　　　122 572.80

（4）1 月 27 日，收到佣金 1 000 元，当日汇率 1 美元＝6.40 美元。

借：银行存款　　　　　　　　　　　　　　　6 400

　　贷：在途物资——红酒（1 000×6.40）　　　　6 400

（5）1 月 28 日，货物验收入库，结转成本。

红酒的采购成本＝960 000＋135 475.20＋122 572.80＋7 680－6 400

　　　　　　　＝1 219 328(元)

借：库存商品——库存进口商品　　　　　　　1 219 328

　　贷：在途物资——红酒　　　　　　　　　　　1 219 328

（6）月末，以银行存款支付红酒的进口关税、消费税及进口增值税税额。

借：应交税费——应交进口关税　　　　　　　135 475.20

　　　　　　——应交消费税　　　　　　　　122 572.80

　　　　　　——应交增值税（进项税额）　　　159 344.64

　　贷：银行存款　　　　　　　　　　　　　　　417 392.64

第 4 章　企业往来账会计核算

往来账是指企业与企业、企业与个人之间发生的预付、多付、未付、少付的货币资金，是企业资产和负债的重要组成部分。往来账户主要有“应收账款”“应付账款”“其他应付款”“合同资产”“合同负债”等。

4.1　企业应收款项的会计处理

单位往来账务，是指因对外销售产品、材料、供应劳务及其他原因，应向购货单位或接受劳务的单位及其他单位收取的款项，是企业因销售商品、产品或提供劳务而形成的债权。

4.1.1　“往来账”账户设置

企业应设置“应收账款”“应收票据”“合同资产”“其他应收款”等会计科目。

1. “应收账款”账户

“应收账款”账户结构如下：

借方　　应收账款账户　　贷方

期初余额	
本期应收账款增加额	本期应收账款减少额
本期借方发生额合计	本期贷方发生额合计
期末余额	

2. “应收票据”账户

“应收票据”账户借方登记企业收到购买单位开出并承兑汇票或银行承兑汇票的商业汇票，贷方登记票据到期收回的款项。期末借方如有余额，表示尚未到期的票据应收款项的结余额。

“应收票据”账户不设置明细账户，但为了解每一位应收票据的结算情况，企业应设置应收票据备查簿，逐笔登记应收票据的详细资料。

借方　　应收票据账户　　贷方

期初余额	
本期应收票据增加额	本期应收票据减少额
本期借方发生额合计	本期贷方发生额合计
期末余额	

3. “合同资产”账户

合同资产，是指企业已向客户转让商品而有权收取对价的权利，且该权利取决于时间流逝之外的其他因素。如企业向客户销售两项可明确区分的商品，企业因已交付其中一项商品而有权收取款项，但收取该款项还取决于企业交付另一项商品的，企业应当将该收款权利作为合同资产。

借方　　合同资产账户　　贷方

期初余额	
本期合同资产增加额	本期合同资产减少额
本期借方发生额合计	本期贷方发生额合计
期末余额	

合同资产与应收账款二者的共同之处在于都属于企业应向客户收取合同对价的权利。区别在于应收账款无附加条件，而合同资产有附加条件（履约义务），附加条件达成前为合同资产，条件达成后合同资产转换成应收账款。

4. “其他应收款”账户

其他应收款，属于资产类，借方表示债权增加，贷方表示债权减少；而其他应付账款是债务类，借方表示债务减少，贷方表示债务增加。

“其他应收款”账户结构如下：

借方　　其他应收款账户　　贷方

期初余额	
本期其他应收款增加额	本期其他应收款减少额
本期借方发生额合计	本期贷方发生额合计
期末余额	

4.1.2 一般应收账款的会计核算

应收账款是企业由于销售商品或提供劳务而享有的向顾客收取款项的权利，主要包括应向购货单位收取的购买商品、材料等账款；代垫的包装物、运杂费；已冲减坏账准备而又收回的坏账损失；已贴现的承兑汇票，因承兑企业无力支付的票款；已转销而又收回的坏账损失等。但不包括应收职工欠款、应收债务人利息等的其他应收款；购买长期债券等的长期债权；投标保证金和租入包装物等各类存出保证金。

应收账款通常按实际发生额计价入账。计价时还要考虑商业折扣、现金折扣及债务重组等因素。工商企业发生应收账款，按应收金额，借记本科目，按确认的营业收入，贷记“主营业务收入”；保险公司贷记“手续费及佣金收入”“保费收入”等科目。收回应收账款时，借记“银行存款”等科目，贷记本科目。涉及增值税销项税额的，还应进行相应的处理。代购货单位垫付的包装费、运杂费，借记本科目，贷记“银行存款”等科目。收回代垫费用时，借记“银行存款”科目，贷记本科目。本科目可按债务人进行明细核算。

正常的应收账款是以商业信用为基础，以购销合同、商品出库单、发票和发运单等书面文件为依据而确认的，按照历史成本计价原则，应收账款应当按照实际发生的交易价格入账，主要包括发票销售价格、增值税和代垫运杂费等。

【例 4-1】 2×21 年 1 月 2 日，康仁电子有限公司向顺风百货公司销售空气净化器 1 000 台，不含税货款 280 000 元，增值税税率 13%，已办理了托收手续。原始凭证见表 4-1、表 4-2、表 4-3。

表 4-1 产品出库单

2×21 年 1 月 2 日

产品名称	型号规格	计量单位	数量	单位成本	总成本
空气净化器	CH452	台	1 000	280	280 000
合计	—	—	1 000	280	280 000

表 4-2 深圳增值税专用发票

（全国统一发票监制章 国家税务总局监制）

442×21240　　　　　　　　　　　　　　　　　　N<u>o</u>：511927533

记账联　　　　　　　　　　　　　　　开票日期：2×21 年 1 月 2 日

购货单位	名称：顺风百货公司 统一社会信用代码：3412341349717896545 地址、电话：深圳龙岗区亚湾路 39 号 0755-67841432 开户行及账号：中行亚湾路分理处 622280360016512				密码区	略	
货物或应税劳务名称	规格型号	单位	数量	单价	金额	税率（%）	税额
空气净化器	CH452	台	1 000	280	¥280 000	13%	¥36 400
价税合计（大写）	⊗ 叁拾壹万陆仟肆佰元整				（小写）¥316 400		
销货单位	名称：康仁电子有限公司 统一社会代码：99110132465422145H 地址、电话：深圳市龙岗区仙霞路 114 号　64326576 开户行及账号：工商银行深圳龙岗支行 332101909234217689				备注	（康仁电子有限公司 99110132465422145H 发票专用章）	

收款人：施怡和　　　复核：李仁玉　　　开票人：王枫　　　销货单位：

表 4-3 托收凭证（受理回单）

进账日期：2×21 年 1 月 4 日　　　　　　　　　　第 012 号

业务类型		委托收款（□邮划□电划）托收承付（□邮划□电划）												
收款人	全　称	康仁电子有限公司	付款人	全　称	顺风百货公司									
	账　号	332101909234217689		账　号	622280360016512									
	开户银行	工商银行深圳龙岗支行		开户银行	工商银行深圳复兴支行									
人民币（大写）：⊗ 叁拾壹万陆仟肆佰元整					千	百	十	万	千	百	十	元	角	分
						¥	3	1	6	4	0	0	0	0
款项内容	销货款	托收凭据	购销合同	附寄单证张数	4									
商品及发运情况	已发出		合同名称号码	07386907										
备注	（康仁电子有限公司 财务专用章）款项收妥日期		收款人开户银行盖章（略） 2×21 年 1 月 6 日											

此联给收款人的收账通知

借：应收账款——顺风百货公司　　　316 400

　　贷：主营业务收入——空气净化器　　　280 000

　　　　应交税费——应交增值税（销项税额）　　　36 400

根据上述业务，登记会计凭证，见表 4-4。

表 4-4　转账凭证

2×21 年 1 月 2 日

附件：××张

转字第 019 号

摘要	一级科目	二级或明细科目	页	借方金额									贷方金额									记账
				百	十	万	千	百	十	元	角	分	百	十	万	千	百	十	元	角	分	
向顺风百货公司销售空气净化器 1 000 个	应收账款	顺风百货公司			3	1	6	4	0	0	0	0										✓
	主营业务收入	空气净化器												2	8	0	0	0	0	0	0	✓
	应交税费	应交增值税（销项税额）													3	6	4	0	0	0	0	✓
合计				¥	3	1	6	4	0	0	0	0	¥	3	1	6	4	0	0	0	0	

会计主管：××　　记账：××　　出纳：××　　审核：××

填制：××

收到顺风百货公司货款时：

借：银行存款　　316 400

　　贷：应收账款——顺风百货公司　　316 400

根据上述业务，登记会计凭证，见表 4-5。

表 4-5　收款凭证

借方科目：银行存款　　2×21 年 1 月 4 日

附件：××张

银收字第 003 号

摘要	贷方科目		账页	金额										记账
	一级科目	二级或明细科目		千	百	十	万	千	百	十	元	角	分	
收到顺风百货公司货款	应收账款	顺风百货公司				3	1	6	4	0	0	0	0	✓
合计					¥	3	1	6	4	0	0	0	0	

会计主管：××　　记账：××　　出纳：××　　审核：××　　填制：××

根据上述资料，登记账簿，见表 4-6。

表 4-6　明细分类簿

会计科目：应收账款——顺风百货公司

编　　号：1122

2×21 年		凭证科目代码	摘要	对方科目	借方										贷方										借或贷	余额									
月	日				千	百	十	万	千	百	十	元	角	分	千	百	十	万	千	百	十	元	角	分		千	百	十	万	千	百	十	元	角	分
1	1		期初余额																						借								0	0	0
1	2	转字第019号	应收顺风百货公司货款	主营业务收入			3	1	6	4	0	0	0	0											借			3	1	6	4	0	0	0	0
1	5	银收003号	收到顺风百货公司货款	银行存款													3	1	6	4	0	0	0	0	平								0	0	0

4.1.3　有商品折扣的应收账款的会计处理

“新收入准则”对“商品折扣”有了更明确、细致的规定：

01　对于商品折扣，企业应当在各单项履约义务之间按比例分摊

02　有确凿证据表明商品折扣仅与合同中的一项或多项（而非全部）履约义务相关的，企业应当将该商品折扣分摊至相关一项或多项履约义务

03　商品折扣仅与合同中的一项或多项（而非全部）履约义务相关，且企业采用余值法估计单独售价的，应当按照前款规定在一项或多项（而非全部）履约义务之间分摊商品折扣，然后采用余值法估计单独售价

综上所述，企业在确定“商业折扣”时，需要先将“商业折扣”分摊到与之相联系的商品上，后采用“单独售价法”“市场调整法”“余值法”等方法确定与“商业折扣”相关商品以及非相关商品的收入。

1. 商业折扣

商业折扣一般在交易发生时即已确定，它仅仅是确定实际销售价格的一种手段，不需在买卖双方任何一方的账上反映，所以商业折扣对应收账款的

入账价值没有什么实质性的影响。因此，在存在商业折扣的情况下，企业应收账款入账金额应按扣除商业折扣以后的实际售价确认。

【例 4-2】 承上例，康仁电子有限公司给予购货方 5%的商业折扣，折扣金额为 15 820 元，适用的增值税税率为 13%。编制会计分录如下：

① 销售方应当确认的收入金额为 316 400×(1－5%) = 300 580(元)。

借：应收账款　　300 580

　　贷：主营业务收入　　266 000

　　　　应交税费——应交增值税（销项税额）　　34 580

② 实际收到货款时。

借：银行存款　　300 580

　　贷：应收账款　　300 580

2. 现金折扣

现金折扣，是指债权人为鼓励债务人在规定的期限内付款，而向债务人提供的债务扣除。现金折扣通常发生在以赊销方式销售商品及提供劳务的交易中。

企业为了鼓励客户提前偿付货款，通常与债务人达成协议，债务人在不同期限内付款可享受不同比例的折扣。现金折扣一般用符号“折扣/付款期限”表示。例如，买方在 10 天内付款可按售价给予 2%的折扣，用符号“2/10”表示；在 20 天内付款按售价给予 1%的折扣，用符号“1/20”表示；在 30 天内付款，则不给予折扣优惠，用符号“n/30”表示。

存在现金折扣的情况下，我国的会计实务中通常采用总价法确认应收账款入账金额，即将未减去现金折扣前的金额作为实际售价，记作应收账款的入账价值。现金折扣只有客户在折扣期内支付货款时，才予以确认。在这种方法下，企业把给予客户的现金折扣视为融资的理财费用，会计上作为财务费用处理。

【例 4-3】 承上例，假设康仁电子有限公司规定在 10 天之内付款，给予 2%的折扣，超过 10 天，则付全款。编制会计分录如下：

借：应收账款——顺风百货公司　　316 400

　　贷：主营业务收入——空气净化器　　280 000

　　　　应交税费——应交增值税（销项税额）　　36 400

如果上述货款在 10 天内收到，采用总价法入账，编制会计分录如下：

借：银行存款　　310 072

　　财务费用（316 400×2%）　　6 328

贷：应收账款　316 400

如果超过10天，收到货款，编制会计分录如下：

借：银行存款　316 400

　　贷：应收账款　316 400

4.1.4 销售折让的会计处理

销售折让是指因为供应商的商品出现质量、品种、规格等问题，为避免出现退货或损伤信誉而给予客户在商品价格上的减让。商业企业在得到供应商的销售时，直接以商品的买价扣除折让后的净额入账。

销售折让涉及可变对价，如果对价是可变的，则主体有权获得的对价金额可能低于合同规定的价格，因为主体可能会向客户提供价格折让。

《国际财务报告准则》规定，主体应当使用下列方法之一估计可变对价的金额：

（1）预期价值。预期价值是一系列可能发生的对价金额的概率加权金额的总和。如果主体拥有大量的具有类似特征的合同，则预期价值可能是可变对价金额的恰当估计。

（2）最可能的金额。最可能的金额是一系列可能发生的对价金额中最可能发生的单一金额（即合同最可能产生的单一结果），如果合同仅有两个可能结果（如主体能够实现或未能实现业绩奖金目标），则最可能的金额是可变对价金额的恰当估计。

【例4-4】 2×21年4月21日，兴丰电子有限公司售出一批电子产品，该批商品的价格为169 500元。合同约定，有质量问题可以在半年内包退包换。根据经验判断，退货率为4%，但是其中3%只要给予买方10%的降价极可能同意不退货。假定该批电子产品成本为100 000元。

2021年12月份：实际发生退货1%；另外发生销售折让2 000元（不含税），已经开具红字发票并退款。

12月31日重新评估：退货率不变；销售折让将减少1 000元（不含税）。

（1）实现销售时账务处理如下。

借：银行存款　169 500

　　贷：主营业务收入　139 500

　　　　应交税费——应交增值税（销项税额）　19 500

　　　　预计负债——预计退货［169 500÷（1+13%）×4%］

　　　　　　6 000

合同负债——销售折让［169 500÷（1+13%）×3%］

4 500

同时，结转成本。

借：主营业务成本　　96 000

　应收退货成本　　4 000

　贷：库存商品　　100 000

注意：预计负债——预计退货不含增值税，因增值税已经算过了，此处为不含增值税额。

(2) 2021年12月，实际发生退货1%，即：

借：预计负债——应付退货款　（150 000×1%）　1 500

　贷：银行存款　　1 695

　　应交税费——应交增值税（销项税额）（1 500×13%）－195（红字）

同时，结转成本。

借：库存商品　　1 000

　贷：应收退货成本　　1 000

(3) 2021年12月，实际发生销售折让2 000元。

借：合同负债——销售折让　　2 000

　贷：银行存款　　2 260

　　应交税费——应交增值税（销项税额）　－260（红字）

(4) 12月31日，重新评估销售折让时。

借：合同负债——销售折让　　1 000

　贷：主营业务收入　　1 000

综上所述，商业折扣、现金折扣、销售折让区别如下：

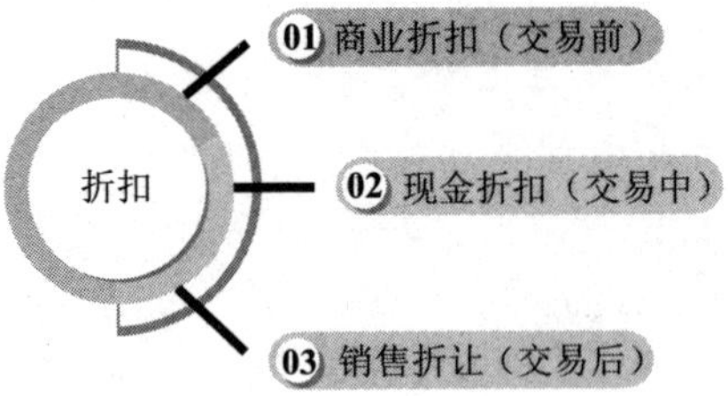

4.1.5　销售退回的会计处理

销售退回是顾客向卖方购买后又退回的商品，是指企业售出的商品由于质量、品种不符合要求等原因而发生的退货。

新收入准则规定："对于附有销售退回条款的销售，企业应当在客户取得相关商品（或服务）控制权时按照因向客户转让商品（或提供服务）而预期有权收取的对价金额（扣除预期因销售退回将退还的金额）确认收入，按照预期因销售退回将退还的金额确认负债；同时，按照所销售商品（或提供服务）的成本（扣除预期将退回商品的成本）结转成本，按照预期将退回商品的成本扣减收回该商品预计发生的成本（包括退回商品潜在减值）后的余额确认一项资产。"因此，需要相应的确认合同负债和合同资产科目。

实务中，企业进行虚假销售时，经常在会计期末的销售退回异常变动中暴露，或是通过分销商下期采购数量的减少、折扣、回购等方式消化。

账务处理如下：

取得商品控制权时

借：应收账款
　　贷：主营业务收入
　　　　预计负债——应付退货款
　　　　应交税费——应交增值税（销项税额）

同时结转成本

借：主营业务成本
　　应收退货成本
　　贷：库存商品

资产负债表日，对退货率重估

借：预计负债——应付退货款
　　贷：主营业务收入
借：主营业务收入
　　贷：应收退货成本

收到货款时

借：银行存款
　　贷：应收账款

发生销售退回

借：库存商品
　　应交税费——应交增值税（销项税额）
　　预计负债——应付退货款
　　贷：应收退货成本
　　　　主营业务收入
　　　　银行存款
借：主营业务成本
　　贷：应收退货成本

【例 4-5】 仁和电子有限公司向康和公司销售 100 台空气净货器，每台空气净货器的价格为 1 695 元，成本为 1 356 元。根据合同约定，康和公司有权在收到空气净货器的 30 日内退货，但是需要向仁和电子有限公司支付 10% 的退货费。根据历史经验，康和电子有限公司预计的退货率为 10%，且退货过程中，仁和电子有限公司预计为每台空气净货器发生的成本为 20 元。上述价格均不包含增值税，假定不考虑相关税费影响，仁和电子有限公司在将空气净货器的控制权转移给康和公司时的账务处理为：

应收退货成本 ＝ 100 × 1 695 × 10% － 100 × 20 × 10%
　　　　　　＝ 16 950 － 200 ＝ 16 750(元)

确认收入＝1 695×100－1 695×100×10%

＝169 500－16 950＝152 550(元)

借：应收账款　　169 500

　　贷：主营业务收入　　152 550

　　　　预计负债——应付退货款（100×1 695×10%）　16 950

借：主营业务成本　　118 850

　　应收退货成本　　16 750

　　贷：库存商品（100×1 356）　　135 600

4.2 票据结算的会计处理

商业汇票是一种由出票人签发的，委托付款人在指定日期无条件支付确定金额给收款人或者持票人的票据。商业汇票的付款期限，最长不得超过6个月。根据承兑人不同，商业汇票分为商业承兑汇票和银行承兑汇票两种。

4.2.1 应收票据取得的会计处理

应收票据取得的原因不同，其会计处理亦有所区别。

因债务人抵偿前欠货款而取得的应收票据

借：应收票据

　　贷：应收账款

商业汇票到期收回款项时，应按实际收到的金额

借：银行存款

　　贷：应收票据

因企业销售商品、提供劳务等而收到开出、承兑的商业汇票

借：应收票据

　　贷：主营业务收入

　　　　应交税费——应交增值税（销项税额）

【例4-6】　2×21年5月10日，康仁电子有限公司向广园公司销售商品一批，开具的增值税专用发票注明价款为84 000元，税款为10 920元。广园公司开出为期3个月的商业汇票抵付货款。

(1) 康仁电子有限公司收到票据时，见表4-7。

借：应收票据——广园公司　　94 920

贷：主营业务收入　　　　　　　　　　　　　　84 000

　　应交税费——应交增值税（销项税额）　　　　10 920

表 4-7　商业承兑汇票（存根）

签发日期：2×21 年 5 月 10 日　　　　　　　　　　　　　　　　第 0065 号

付款人	全　称	广园公司			收款人	全　称	康仁电子有限公司										此联签发人存查
	账　号	0200001909234289765				账　号	332101909234217689										
	开户银行	工行	行号	12		开户银行	工商银行深圳龙岗支行	行号	32								
汇票金额	人民币（大写）玖万肆仟玖佰贰拾元整						千	百	十	万	千	百	十	元	角	分	
									¥	9	4	9	2	0	0	0	
汇票到期日	2×21 年 8 月 9 日																
本汇票已经承兑，到期无条件支付票款 （印章：广园公司 ★ 财务专用） 承兑人签章： 承兑日期　年　月　日					承兑协议科目代码			交易合同号码									
					负责人：李明　　经办人：罗旭中												

根据上述业务，登记会计凭证，见表 4-8。

表 4-8　转账凭证

附件：××张

2×21 年 5 月 10 日　　　　　　　　　　　　　　　　　　　　转字第 011 号

摘要	一级科目	二级或明细科目	账页	借方金额									贷方金额									记账
				百	十	万	千	百	十	元	角	分	百	十	万	千	百	十	元	角	分	
向广园公司销售产品	应收票据	广园公司				9	4	9	2	0	0	0										✓
	主营业务收入														8	4	0	0	0	0	0	✓
	应交税费	应交增值税（销项税额）													1	0	9	2	0	0	0	✓
合计					¥	9	4	9	2	0	0	0		¥	9	4	9	2	0	0	0	

会计主管：××　　记账：××　　出纳：××　　审核：××　　填制：××

（2）5 月 20 日，票据到期，对方付款时。

借：银行存款　　　　　　　　　　　　94 920

　　贷：应收票据——广园公司　　　　　　　94 920

根据上述业务，登记会计凭证，见表 4-9。

表 4-9　收款凭证

附件：××张

借方科目：银行存款　　2×21 年 5 月 20 日　　银收字第 034 号

摘要	贷方科目		账页	金额										记账
	一级科目	二级或明细科目		千	百	十	万	千	百	十	元	角	分	
收到广园公司货款	应收票据	广园公司					9	4	9	2	0	0	0	√
合计						¥	9	4	9	2	0	0	0	

会计主管：××　　记账：××　　出纳：××　　审核：××　　填制：××

【例 4-7】 康仁电子有限公司将一张带息的银行承兑汇票于到期日办理银行收款。票面金额为 90 000 元，年利率 7%，期限为 90 天。

到期值为：$90\ 000 \times (1 + 7\% \times 90 \div 360) = 91\ 575$(元)

利息为：$90\ 000 \times 7\% \times 90 \div 360 = 1\ 575$(元)

借：银行存款　　91 575

　　贷：应收票据　　90 000

　　　　财务费用——利息收入　　1 575

根据上述业务，登记会计凭证，见表 4-10。

表 4-10　收款凭证

附件：××张

借方科目：银行存款　　2×21 年 5 月 21 日　　银收字第 036 号

摘要	贷方科目		账页	金额										记账
	一级科目	二级或明细科目		千	百	十	万	千	百	十	元	角	分	
应收票据到期	应收票据						9	0	0	0	0	0	0	√
	财务费用	利息收入						1	5	7	5	0	0	√
合计						¥	9	1	5	7	5	0	0	

会计主管：××　　记账：××　　出纳：××　　审核：××　　填制：××

4.2.2　应收票据贴现的会计处理

“贴现”，就是指票据持有人将未到期的票据在背书后送交银行，银行受理后从票据到期值中扣除按银行贴现率计算确定的贴现息，然后将余额付给持票人，作为银行对企业的短期贷款。

对于应收票据贴现的核算，首先要计算贴现息和贴现净额（或称贴现所得额），其计算公式如下：

贴现息＝票据到期价值×贴现率×贴现期

贴现净额＝票据到期价值－贴现息

贴现期是指从票据贴现日到票据到期前一日的时间间隔。应收票据的银行贴现率由银行统一规定，一般用年利率来表示。

企业持未到期的应收票据向银行贴现

借：银行存款（应按扣除贴现息后的净额）财务费用（按贴现息部分）

　贷：应收票据（按应收票据的票面金额）

如应收票据是带息票据

借：银行存款（按实际收到的款项）

　贷：应收票据（按票面金额）

　　财务费用（或借）

（1）不带息应收票据贴现的会计处理。

【例 4-8】 康仁电子有限公司急需资金，将一张面值为 100 000 元、3 个月期的无息票据提前两个月向银行办理贴现，出票日为 3 月 25 日，到期日为 6 月 24 日。假设银行贴现利率为 6%，该票据的到期值、贴现息和贴现净额计算为：

票据到期价值 ＝ 票据面值 ＝ 100 000(元)

贴现息 ＝ 100 000 × 6% × 2 ÷ 12 ＝ 1 000(元)

贴现净额 ＝ 100 000 － 1 000 ＝ 99 000(元)

借：银行存款　　　　99 000

　　财务费用——票据贴现　　　　1 000

　　贷：应收票据　　　　100 000

根据上述业务，登记会计凭证，见表 4-11 至表 4-12。

表 4-11　收款凭证　　　　附件：3 张

借方科目：银行存款　　　　2×21 年 5 月 24 日　　　　银收字第 037 号

摘要	贷方科目		账页	金额										记账
	一级科目	二级或明细科目		千	百	十	万	千	百	十	元	角	分	
应收票据办理贴现	应收票据						9	9	0	0	0	0	0	√
合计						¥	9	9	0	0	0	0	0	

会计主管：××　　记账：××　　出纳：××　　审核：××　　填制：××

表 4-12　转账凭证

附件：××张

2×21 年 5 月 10 日　　　　　　　　　　　　　　　　转字第 019 号

<table>
<tr><td rowspan="2">摘要</td><td rowspan="2">一级科目</td><td rowspan="2">二级或明细科目</td><td rowspan="2">账页</td><td colspan="9">借方金额</td><td colspan="9">贷方金额</td></tr>
<tr><td>百</td><td>十</td><td>万</td><td>千</td><td>百</td><td>十</td><td>元</td><td>角</td><td>分</td><td>百</td><td>十</td><td>万</td><td>千</td><td>百</td><td>十</td><td>元</td><td>角</td><td>分</td></tr>
<tr><td rowspan="3">应收票据办理贴现，贴现额 1 000 元</td><td>财务费用</td><td>票据贴现</td><td></td><td></td><td></td><td></td><td>1</td><td>0</td><td>0</td><td>0</td><td>0</td><td>0</td><td></td><td></td><td></td><td></td><td></td><td></td><td></td><td></td><td></td></tr>
<tr><td>应收票据</td><td></td><td></td><td></td><td></td><td></td><td></td><td></td><td></td><td></td><td></td><td></td><td></td><td></td><td></td><td>1</td><td>0</td><td>0</td><td>0</td><td>0</td><td>0</td></tr>
<tr><td></td><td></td><td></td><td></td><td></td><td></td><td></td><td></td><td></td><td></td><td></td><td></td><td></td><td></td><td></td><td></td><td></td><td></td><td></td><td></td><td></td></tr>
<tr><td colspan="3">合计</td><td></td><td></td><td></td><td>¥</td><td>1</td><td>0</td><td>0</td><td>0</td><td>0</td><td>0</td><td></td><td></td><td>¥</td><td>1</td><td>0</td><td>0</td><td>0</td><td>0</td><td>0</td></tr>
</table>

会计主管：××　　　　记账：××　　　　出纳：××　　　　审核：××

(2) 带息应收票据贴现的会计处理。

将带息应收票据向银行贴现时，票据到期的本息之和扣除贴现息的余额，就是贴现所得额。

【例 4-9】　康仁电子有限公司持一张 6 个月期限，面值为 120 000 元的带息银行承兑汇票向银行贴现，该汇票年息为 5%，出票日为 3 月 30 日，到期日为 9 月 30 日，公司于 5 月 30 日向银行贴现，贴现率为 8%。贴现凭证见表 4-13。

应收票据到期利息 $= 120\ 000 \times 5\% \times 6 \div 12 = 3\ 000$(元)

应收票据到期本息 $= 120\ 000 + 3\ 000 = 12\ 3000$(元)

贴现息 $= 123\ 000 \times 8\% \times 4 \div 12 = 3\ 280$(元)

贴现后净额 $= 123\ 000 - 3\ 280 = 119\ 720$(元)

借：银行存款　　　　　　　　　　　　119 720

　　财务费用——票据贴现　　　　　　　3 280

　　贷：应收票据　　　　　　　　　　　　123 000

表 4-13　贴现凭证（收账通知）

填写日期：2×21 年 5 月 30 日　　　　　　　　　　　　第××号

<table>
<tr><td rowspan="3">贴现汇票</td><td>种类</td><td>带息银行承兑汇票</td><td>号码</td><td>324</td><td rowspan="3">申请人</td><td>全称</td><td colspan="3">康仁电子有限公司</td></tr>
<tr><td>发票日</td><td colspan="3">2×21 年 3 月 30 日</td><td>账号</td><td colspan="3">6224001909234212234</td></tr>
<tr><td>到期日</td><td colspan="3">2×21 年 9 月 30 日</td><td>开户银行</td><td colspan="3">工商银行深圳福田支行</td></tr>
<tr><td colspan="2">汇票承兑人（或银行）</td><td>名称</td><td>康仁电子有限公司</td><td>账号</td><td colspan="2">3321019092 34217689</td><td>开户银行</td><td colspan="2">工商银行深圳龙岗支行</td></tr>
</table>

<table>
<tr><td rowspan="2" colspan="3">汇票金额</td><td rowspan="2" colspan="11">人民币（大写）壹拾贰万叁仟元整</td><td>千</td><td>百</td><td>十</td><td>万</td><td>千</td><td>百</td><td>十</td><td>元</td><td>角</td><td>分</td></tr>
<tr><td></td><td>¥</td><td>1</td><td>2</td><td>3</td><td>0</td><td>0</td><td>0</td><td>0</td><td>0</td></tr>
<tr><td rowspan="2">贴现率</td><td rowspan="2">5%</td><td rowspan="2">贴现利息</td><td>千</td><td>百</td><td>十</td><td>万</td><td>千</td><td>百</td><td>十</td><td>元</td><td>角</td><td>分</td><td rowspan="2">实付贴现金额</td><td>千</td><td>百</td><td>十</td><td>万</td><td>千</td><td>百</td><td>十</td><td>元</td><td>角</td><td>分</td></tr>
<tr><td></td><td></td><td></td><td>¥</td><td>3</td><td>2</td><td>8</td><td>0</td><td>0</td><td>0</td><td></td><td>¥</td><td>1</td><td>1</td><td>9</td><td>7</td><td>2</td><td>0</td><td>0</td><td>0</td></tr>
<tr><td colspan="10">上述款项已入你单位账户。此致
银行盖章（略）
2×21 年 5 月 30 日</td><td colspan="14">备注</td></tr>
</table>

根据上述业务，登记会计凭证，见表 4-14 至表 4-15。

表 4-14 收款凭证

附件：3 张

借方科目：银行存款　　　　2×21 年 5 月 30 日　　　　银收字第019号

摘要	贷方科目		账页	金额									
	一级科目	二级或明细科目		千	百	十	万	千	百	十	元	角	分
应收票据办理贴现	应收票据					1	1	9	7	2	0	0	0
合计					¥	1	1	9	7	2	0	0	0

会计主管：××　记账：××　出纳：××　审核：××　填制：××

表 4-15 转账凭证

附件：××张

2×21 年 5 月 30 日　　　　转字第009号

摘要	一级科目	二级或明细科目	账页	借方金额									贷方金额								
				百	十	万	千	百	十	元	角	分	百	十	万	千	百	十	元	角	分
应收票据办理贴现	财务费用	票据贴现					3	2	8	0	0	0									
	应收票据															3	2	8	0	0	0
合计						¥	3	2	8	0	0	0			¥	3	2	8	0	0	0

会计主管：××　记账：××　出纳：××　审核：××　填制：××

根据会计凭证，登记账簿，见表 4-16。

表 4-16 明细分类簿

会计科目：应收票据

编　　号：1121

2×21 年		凭证科目代码	摘要	对方科目	借方										贷方										借或贷	余额									
5 月	日				千	百	十	万	千	百	十	元	角	分	千	百	十	万	千	百	十	元	角	分		千	百	十	万	千	百	十	元	角	分
5	1		期初余额																						借		1	0	0	0	0	0	0	0	0
5	10	转字第011号	广园公司销售货款	主营务收入				9	4	9	2	0	0	0											借		1	0	9	4	9	2	0	0	0
5	20	银收字第034号	应收票据到期	银行存款														9	4	9	2	0	0	0	借		1	0	0	0	0	0	0	0	0
5	24	银收字第036号	票据贴现	银行存款														9	0	0	0	0	0	0	借			9	1	0	0	0	0	0	0
5	24	银收字第037号	票据贴现	银行存款														9	9	0	0	0	0	0	借			8	1	1	0	0	0	0	0
5	24	转字第019号	票据贴现	管理费用															1	0	0	0	0	0	借			8	1	0	0	0	0	0	0

续上表

2×21年		凭证科目代码	摘要	对方科目	借方										贷方										借或贷	余额									
5月	日				千	百	十	万	千	百	十	元	角	分	千	百	十	万	千	百	十	元	角	分		千	百	十	万	千	百	十	元	角	分
5	30	银收字第039号	票据贴现	银行存款													1	1	9	7	2	0	0	0	借			6	9	0	2	8	0	0	0
5	30	转字第020号	票据贴现	财务费用															3	2	8	0	0	0	借			6	8	7	0	0	0	0	0
5	31		本月合计																									6	8	7	0	0	0	0	0

4.3 合同资产科目的具体运用

“新收入准则”规定，企业在客户实际支付合同对价或该对价到期应付之前，已经向客户转让了商品的，应按因转让商品而有权收取的对价金额，贷记“主营业务收入”“其他业务收入”。但尚未得到业主或总包方确认时，应借记“合同资产”科目。当企业取得无条件收款权时，借记“应收账款”，贷记“合同资产”。

“合同资产”是企业合同中规定有附加条件的收取合同对价的权利，需要满足条件后才能拥有“无条件”收取款项的权利。比如，销售电梯后，商家拥有应收工程款的权利，但这种权利不是无条件的。一般来说，只有买家进行验收确认后，才等于承认了相互间“应收应付”权利和义务。

因此，在得到买家确认之前，只能作为“合同资产”来核算。企业拥有的、无条件（即仅取决于时间流逝）向客户收取对价的权利应当作为“应收款项”单独列示。

【例4-10】 春光设备有限公司与大宇商贸公司签订合同，向其销售一台电梯，不含税价30万元。同时春光设备有限公司承诺安装调试电梯，安装费用不含税价2万元。合同约定，在安装调试验收后双方结算价款。假定销售电梯和安装服务是两项履约义务。

春光设备有限公司账务处理如下：

(1) 2×21年1月20日销售电梯，电梯控制权转移。

借：合同资产——大宇商贸公司　　　　339 000

贷：主营业务收入——销售电梯　　　　　　　　　　300 000

　　应交税费——待转销项税额　　　　　　　　　　39 000

根据上述业务，登记会计凭证，见表 4-17。

表 4-17　转账凭证

附件：3 张

2×21 年 1 月 20 日　　　　　　　　　　　　　　　　　　转字第 002 号

摘要	一级科目	二级或明细科目	账页	借方金额									贷方金额									记账
				百	十	万	千	百	十	元	角	分	百	十	万	千	百	十	元	角	分	
2×21 年 1 月销售电梯 339 000 元	合同资产	大宇商贸公司			3	3	9	0	0	0	0	0										√
	主营业务收入													3	0	0	0	0	0	0	0	√
	应交税费	待转销项税额													3	9	0	0	0	0	0	√
合计				¥	3	3	9	0	0	0	0	0	¥	3	3	9	0	0	0	0	0	

会计主管：××　　记账：××　　出纳：××　　审核：××　　填制：××

(2) 2×21 年 2 月 20 日，安装调试验收完毕。

借：应收账款——大宇商贸有限公司　　　　　　　　360 800

　　应交税费——待转销项税额　　　　　　　　　　39 000

　　贷：合同资产——大宇商贸有限公司　　　　　　　339 000

　　　　主营业务收入——销售安装服务　　　　　　　20 000

　　　　应交税费——应交增值税（销项税额）　　　　39 000

　　　　应交税费——应交增值税（销项税额）(20 000×9%) 1 800

根据上述业务，登记会计凭证，见表 4-18。

表 4-18　转账凭证

附件：3 张

2×21 年 2 月 20 日　　　　　　　　　　　　　　　　　　转字第 012 号

摘要	一级科目	二级或明细科目	账页	借方金额									贷方金额									记账
				百	十	万	千	百	十	元	角	分	百	十	万	千	百	十	元	角	分	
2×21 年 2 月 20 日，电梯安装完成	应收账款	大宇商贸有限公司			3	6	0	8	0	0	0	0										√
	应交税费	待转销项税额				3	9	0	0	0	0	0										√
	合同资产	大宇商贸有限公司												3	3	9	0	0	0	0	0	√

续上表

摘要	一级科目	二级或明细科目	账页	借方金额									贷方金额									记账
				百	十	万	千	百	十	元	角	分	百	十	万	千	百	十	元	角	分	
	主营业务收入														2	0	0	0	0	0	0	✓
	应交税费	应交增值税（销项税额）													3	9	0	0	0	0	0	✓
	应交税费	应交增值税（销项税额）														1	8	0	0	0	0	✓
合计				¥	3	9	9	8	0	0	0	0	¥	3	9	9	8	0	0	0	0	

会计主管：××　　记账：××　　出纳：××　　审核：××　　填制：××

根据会计凭证，登记账簿，见表4-19。

表4-19　明细分类簿

会计科目：合同资产

编　　号：1123

2×21年		凭证科目代码	摘要	对方科目	借方										贷方										借或贷	余额									
月	日				千	百	十	万	千	百	十	元	角	分	千	百	十	万	千	百	十	元	角	分		千	百	十	万	千	百	十	元	角	分
1	1		期初余额																														0	0	0
1	20	转字第002号	确认电梯设备收入	主营业务收入			3	3	9	0	0	0	0	0											借				3	3	9	0	0	0	0
2	20	转字第012号	确认安装调试收入	应收账款														3	3	9	0	0	0	0	平								0	0	0

小贴士

根据《国家税务总局关于明确中外合作办学等若干增值税征管问题的公告》（国家税务总局公告2018年第42号）规定：

六、一般纳税人销售自产机器设备的同时提供安装服务，应分别核算机器设备和安装服务的销售额，安装服务可以按照甲供工程选择适用简易计税方法计税。

一般纳税人销售外购机器设备的同时提供安装服务，如果已经按照兼营的有关规定，分别核算机器设备和安装服务的销售额，安装服务可以按照甲供工程选择适用简易计税方法计税。

由于同一合同下的合同资产和合同负债应当以净额列示，企业也可以设置“合同结算”科目（或其他类似科目），以核算同一合同下属于在某一时段内履行履约义务涉及与客户结算对价的合同资产或合同负债，并在此科目下设置“合同结算——价款结算”科目反映定期与客户进行结算的金额，设置“合同结算——收入结转”科目反映按履约进度结转的收入金额。

【例4-11】 2×21年3月，永安建筑公司按完工进度结转收入与成本，账务处理如下：

(1) 按照完工进度结转收入2 100万元，成本820万元。

借：合同结算——收入结转	21 000 000	
贷：主营业务收入		21 000 000
借：主营业务成本	8 200 000	
贷：合同履约成本		8 200 000

(2) 与业主结算合同价款1 600万元。

借：应收账款	17 440 000	
贷：合同结算——价款结算		16 000 000
应交税费——应交增值税（销项税额）		1 440 000

“合同结算”科目借方余额500万元，表明永安建筑公司已经履行履约义

务但尚未与客户结算的金额，由于该金额将在2×21年内结算。因此，应在资产负债表中作为“合同资产”列示。

依据《企业会计准则第14号——收入》应用指南，合同资产和合同负债应当在资产负债表中单独列示。同一合同下的合同资产和合同负债应当以净额列示，不同合同下的合同资产和合同负债不能互相抵销。

资产负债表日，“合同结算”科目的期末余额在借方的，根据其流动性，在资产负债表中分别列示为“合同资产”或“其他非流动资产”项目；期末余额在贷方的，根据其流动性，在资产负债表中分别列示为“合同负债”或“其他非流动负债”项目。

4.4 其他应收款

其他应收款是指除应收票据、应收账款和预付账款以外的其他各种应收、暂付款项，主要包括应收的各种赔款、罚款；经营租赁的各种租金；存出的保证金；备用金预付账款转入；其他各种应收、暂付款项。

4.4.1 其他应收款的核算范围

其他应收款的核算范围是：

（1）应收的各种赔款、罚款。如因企业财产等遭受意外损失而应向有关保险公司收取的赔款等。

（2）应收出租包装物租金。

（3）应向职工收取的各种垫付款项，如为职工垫付的水电费、应由职工负担的医药费、房租费等。

（4）存出保证金，如租入包装物支付的押金。

（5）其他各种应收、暂付款项。

（6）备用金。

4.4.2 其他应收款科目的具体运用

其他应收款科目用于核算企业除应收票据、应收账款、预付账款等以外的其他各种应收、暂付款项。在“其他应收款”账户下，应按其他应收款的项目分类，并按不同的债务人设置明细账。

企业发生其他各种应收、暂付款项时，账务处理如下：

企业发生其他各种应收、暂付款项

借：其他应收款
　　贷：银行存款

收回或转销各种款项时

借：库存现金/银行存款
　　贷：其他应收款

【例 4-12】 2×21 年 1 月 3 日，康仁电子有限公司租入包装物一批，以银行存款向出租方支付押金 12 000 元。2×21 年 2 月 10 日，租入包装物如数退回，甲公司收到出租方退还的押金 12 000 元，已存入银行。

(1) 2×21 年 1 月，支付押金时。

借：其他应收款——存出保证金　　　　12 000
　　贷：银行存款　　　　12 000

根据上述业务，登记会计凭证，见表 4-20。

表 4-20　付款凭证

附件：××张

贷方科目：银行存款　　　　2×21 年 1 月 3 日　　　　银付字第010号

摘要	借方科目		账页	金额										记账
	一级科目	二级或明细科目		千	百	十	万	千	百	十	元	角	分	
支付押金时	其他应付款	存出保证金					1	2	0	0	0	0	0	✓
合计						¥	1	2	0	0	0	0	0	

会计主管：××　　记账：××　　出纳：××　　审核：××　　填制：××

(2) 2×21 年 2 月 10 日，收回押金时。

借：银行存款　　　　12 000
　　贷：其他应收款——存出保证金　　　　12 000

根据上述业务，登记会计凭证，见表 4-21。

表 4-21 收款凭证

附件：××张

借方科目：银行存款　　　　2×21 年 2 月 10 日　　　　银收字第018号

摘要	贷方科目		账页	金额										记账
	一级科目	二级或明细科目		千	百	十	万	千	百	十	元	角	分	
收回押金	其他应收款	存出保证金					1	2	0	0	0	0	0	✓
合计						¥	1	2	0	0	0	0	0	

会计主管：××　　记账：××　　出纳：××　　审核：××　　填制：××

根据会计凭证，登记账簿，见表 4-22。

表 4-22 明细分类簿

会计科目：其他应收款

编　　号：1221

2×21 年		凭证科目代码	摘要	对方科目	借方										贷方										借或贷	余额									
月	日				千	百	十	万	千	百	十	元	角	分	千	百	十	万	千	百	十	元	角	分		千	百	十	万	千	百	十	元	角	分
1	1		期初余额																														0	0	0
1	3	银付字第010号	支付押金	银行存款				1	2	0	0	0	0	0											借				1	2	0	0	0	0	0
2	10	银收字第018号	收回押金	银行存款														1	2	0	0	0	0	0	平								0	0	0

4.5 企业应付款项的核算

企业在生产经营活动过程中，因采购商品物资、原材料、接受劳务供应，应付未付供货单位的款项，包括应付账款、应付票据和其他应付款。

4.5.1 应付款项科目设置

1. “应付票据”账户

企业应通过“应付票据”科目核算应付票据的发生、偿付等情况。该科目贷方登记开出、承兑汇票的面值及带息票据的预提利息，借方登记支付票据的金额，余额在贷方，表示企业尚未到期的商业汇票的票面金额和应计未付的利息。

借方　　　　应付票据账户　　　　贷方

	期初余额
本期应付票据减少额	本期应付票据增加额
本期借方发生额合计	本期贷方发生额合计
	期末余额

2. “应付账款”账户

“应付账款”账户属于负债类账户，用以核算企业因购买材料、商品和接受劳务等经营活动应支付的款项。该账户贷方登记企业因购入材料、商品和接受劳务等尚未支付的款项，借方登记偿还的应付账款。期末余额一般在贷方，反映企业期末尚未支付的应付账款余额；如果在借方，反映企业期末预付账款余额。

借方　　　　应付账款账户　　　　贷方

	期初余额
本期应付账款减少额	本期应付账款增加额
本期借方发生额合计	本期贷方发生额合计
	期末余额

3. “合同负债”账户

企业应当根据本企业履行履约义务与客户付款之间的关系在资产负债表中列示合同资产或合同负债。企业拥有的、无条件（仅取决于时间流逝）向客户收取对价的权利应当作为应收款项单独列示。

合同负债，是指企业已收或应收客户对价而应向客户转让商品的义务。如企业在转让承诺的商品之前已收取的款项。所收款项是否对应于合同规定的交付商品或提供劳务的履约义务。如果收取的款项不构成交付商品或提供劳务的履约义务，则属于预收账款；反之，则属于合同负债。

该账户贷方登记企业向购货单位预收的款项等，借方登记销售实现时按实现的收入转销的预收款项等。期末余额在贷方，反映企业预收的款项；期末余额在借方，反映企业已转销但尚未收取的款项。

该账户可按购货单位进行明细核算。

借方	预收账款账户 贷方
	期初余额
本期预收账款减少额	本期预收账款增加额
本期借方发生额合计	本期贷方发生额合计
	期末余额

4.5.2 应付票据科目的具体应用

企业应通过“应付票据”科目核算应付票据的发生、偿付等情况。

企业应设置“应付票据备查簿”，详细登记每一笔应付票据的种类、号码、出票日期、到期日、票面金额、交易合同号、收款单位名称等详细资料。应付票据到期付清时，应在备查簿内逐笔注销。企业支付的银行承兑汇票手续费应计入当期财务费用。

应付票据的核算主要包括开出并承兑商业汇票、期末计提票据利息、到期支付票款。企业因购买材料、商品和接受劳务供应等而开出、承兑的商业汇票，应当按其票面金额作为应付票据的入账金额。企业开出、承兑的带息票据，通常应在期末对尚未支付的应付票据计提利息，计入当期财务费用。

用票据结算采购物资等

借：材料采购/库存商品/应付账款
　　应交税费——应交增值税等
　　贷：应付票据

商业汇票到期，无力支付票款时

借：应付票据
　　贷：短期借款

支付手续费

借：财务费用
　　贷：银行存款

银行承兑汇票失效时

借：应付票据
　　贷：应付账款

4.5.3 不带息应付票据的账务处理

不带息票据是指债务人到期还款时，只偿还面值金额，即票据到期值等于面值，应按票面额记账，借记“材料采购”“库存商品”“应交税费”等账户，贷记“应付票据”账户。

【例 4-13】 2×21 年 1 月 16 日，康仁电子有限公司开出期限为 3 个月，票面金额为101 700元的不带息商业承兑汇票支付英诚公司货款，增值税专用发票上列明价款90 000元，增值税额11 700元，商品验收入库，见表4-23。

表4-23 商业承兑汇票

出票日期（大写）：贰×贰壹年零壹月壹拾陆日　　　　汇票号码×××××

收款人	全　称	康仁电子有限公司			收款人	全　称	英诚公司								
	账　号	332101909234217689				账　号	102376451909322								
	开户银行	工商银行深圳龙岗支行	行号	123		开户银行	深圳玉华山支行	行号	214						
出票金额		人民币（大写）壹拾万零壹仟柒佰元整				千	百	十	万	千	百	十	元	角	分
							¥	1	0	1	7	0	0	0	0
汇票到期日（大写）		贰×贰壹年零肆月壹拾伍日			付款人开户行	行号	123								
交易合同号码						地址	深圳市龙岗区玉华山路11号								
本汇票已经承兑，到期无条件支付票款。 承兑人签章 陆诚 承兑日期2×21年4月15日					本汇票予以承兑，于到期日付款。 出票人签章 沈静										

2×21年1月16日，开出不带息商业汇票时。

借：库存商品　　　　　　　　　　　　　　　　90 000

　　应交税费——应交增值税（进项税额）　　　11 700

　　贷：应付票据——商业承兑汇票——英诚公司　　　101 700

根据上述业务，登记会计凭证，见表4-24。

表4-24 转账凭证

附件：××张

2×21年1月16日　　　　转字第009号

摘要	一级科目	二级或明细科目	账页	借方金额									贷方金额									记账
				百	十	万	千	百	十	元	角	分	百	十	万	千	百	十	元	角	分	
开出不带息票据	库存商品					9	0	0	0	0	0	0										✓
	应交税费	应交增值税（进项税额）				1	1	7	0	0	0	0										✓
	应付票据	商业承兑汇票（英诚公司）												1	0	1	7	0	0	0	0	✓
合计				¥	1	0	1	7	0	0	0	0	¥	1	0	1	7	0	0	0	0	

会计主管：××　　记账：××　　出纳：××　　审核：××　　填制：××

2×21 年 4 月 15 日，支付票款时。

借：应付票据——商业承兑汇票——英诚公司　　　　101 700

　　贷：银行存款　　　　　　　　　　　　　　　　101 700

根据上述业务，登记会计凭证，见表 4-25。

表 4-25　付款凭证

附件：××张

贷方科目：银行存款　　　　2×21 年 4 月 15 日　　　　银付字第09号

摘要	借方科目		账页	金额										记账
	一级科目	二级或明细科目		千	百	十	万	千	百	十	元	角	分	
支付不带息票据 101 700 元	商业承兑汇票	商业承兑汇票（英诚公司）					1	0	1	7	0	0	0	✓
合计						¥	1	0	1	7	0	0	0	

会计主管：××　　记账：××　　出纳：××　　审核：××　　填制：××

4.5.4　带息票据的账务处理

带息票据是指债务人到期还款时，除了偿还面值金额外，同时要偿还票据利息，即票据到期值等于面值加利息。利息为债务人由于延期支付款项所付出的代价，记入“财务费用”账户。

【例 4-14】　康仁电子有限公司 2×21 年 5 月 1 日从乙公司购进一批原材料，不含税价格 75 000 元，增值税率 13%，开出一张期限 4 个月等值的带息商业汇票，年利率为 8%。

(1) 2×21 年 5 月 1 日，开出商业汇票时。

借：原材料　　　　　　　　　　　　　　　　75 000

　　应交税费——应交增值税（进项税额）　　　9 750

　　贷：应付票据——商业承兑汇票——乙公司　　　84 750

根据上述业务，登记会计凭证，见表 4-26。

表 4-26　转账凭证

附件：××张

2×21 年 5 月 1 日　　　　转字第 009 号

摘要	一级科目	二级或明细科目	账页	借方金额									贷方金额									记账
				百	十	万	千	百	十	元	角	分	百	十	万	千	百	十	元	角	分	
从乙公司购入原材料	原材料					7	5	0	0	0	0	0										√
	应交税费	应交增值税（进项税额）					9	7	5	0	0	0										√
	应付票据	商业承兑汇票（乙公司）													8	4	7	5	0	0	0	√
合计					¥	8	4	7	5	0	0	0		¥	8	4	7	5	0	0	0	

会计主管：××　　记账：××　　出纳：××　　审核：××　　填制：××

(2) 2×21 年 6 月 30 日，计提 2 个月应计利息。

应计利息 = 84 750 × 2 × 8% ÷ 12 = 1 130(元)

借：财务费用　　　　1 130

　　贷：应付票据——商业承兑汇票——乙公司　　　　1 130

根据上述业务，登记会计凭证，见表 4-27。

表 4-27　转账凭证

附件：××张

2×21 年 6 月 30 日　　　　转字第 030 号

摘要	一级科目	二级或明细科目	账页	借方金额									贷方金额									记账
				百	十	万	千	百	十	元	角	分	百	十	万	千	百	十	元	角	分	
计提 2 个月应计利息	财务费用	利息					1	1	3	0	0	0										√
	应付票据	商业承兑汇票（乙公司）														1	1	3	0	0	0	√
合计						¥	1	1	3	0	0	0			¥	1	1	3	0	0	0	

会计主管：××　　记账：××　　出纳：××　　审核：××　　填制：××

(3) 2×21 年 8 月 31 日，到期付款时。

借：应付票据——商业承兑汇票——乙公司　　　　85 880

财务费用——利息　　　　　　　　　　　　1 130

贷：银行存款　　　　　　　　　　　　　　　87 010

根据上述业务，登记会计凭证，见表 4-28。

表 4-28　付款凭证　　附件：××张

贷方科目：银行存款　　2×21 年 8 月 31 日　　银付字第034号

摘要	借方科目		账页	金额										记账
	一级科目	二级或明细科目		千	百	十	万	千	百	十	元	角	分	
到期付款	应付票据	商业承兑汇票（乙公司）					8	5	8	0	0	0	0	✓
	财务费用	利息						1	1	3	0	0	0	✓
合计						¥	8	7	0	1	0	0	0	

会计主管：××　　记账：××　　出纳：××　　审核：××　　填制：××

4.5.5　合同负债

根据《〈企业会计准则第 14 号——收入〉应用指南》规定："合同负债"科目核算企业已收或应收客户对价而应向客户转让商品的义务。原来我们在预收账款中核算的因转让商品、销售服务、提供劳务而收到的预收款，改在合同负债中核算。

当企业已经收取了约定的合同对价，但尚未履行合同约定的履约义务时，就形成了企业应向客户转让商品的义务。在此情形下，企业应借记"银行存款"，贷记"合同负债"。如果合同在某一时间段内履行，且双方约定在企业分次履行约定义务之前，客户需按照约定的时间提前支付对价。如果客户在约定的期限内没有履行其该批次的提前付款义务，企业就获取了该批次的无条件收取合同对价的权利，当企业获取该批次的无条件收取合同对价的权利时，企业应借记"应收账款""应收票据"科目，贷记"合同负债"科目。

【例 4-15】　森农科有限公司为增值税一般纳税人，增值税税率 13%。2×21年 2 月 15 日，向明阳公司销售甲商品，并取得预收款 226 万元，符合确认增值税纳税义务的要求。编制会计分录。

借：银行存款　　2 260 000

　　贷：合同负债——预收款项（明阳公司）　　2 260 000

借：合同负债——增值税　　260 000

　　贷：应交税费——应交增值税（销项税额）　　260 000

确认商品收入时。

借：合同负债——预收款项（明阳公司）　　2 000 000

　　贷：主营业务收入　　2 000 000

业务结束时结转差额。

借：合同负债——预收款项（明阳公司）　　260 000

　　贷：合同负债——增值税　　260 000

如预收款项时未产生增值税纳税义务，则计入“应交税费——待转销项税额”科目，实际发生时再转入“应交税费——应交增值税（销项税额）”。

在实务中，企业与客户定期核对合同负债的金额，由于企业将合同负债核算成了不含增值税的金额，这对于合同负债的核对造成了困境，而本题中的账务处理，即清晰又方便核对合同负债金额。

4.5.6　预收账款科目的具体运用

由于企业执行“新收入准则”，预收账款科目的核算范围缩小。仅核算不属于收入准则范畴内的预收款项，如预收租金、未来可能会退回的定金等。

预收租金、订金时

借：银行存款/库存现金

　　贷：预收账款

退回订金时

借：预收账款

　　贷：银行存款/库存现金

【例 4-16】　2×21 年 2 月 3 日，绿地房地产有限公司与达康商贸公司签订租房合同，取得订金 20 000 元。

借：银行存款　　20 000

　　贷：预收账款　　20 000

根据上述业务，登记会计凭证，见表 4-29。

表 4-29　收款凭证

附件：××张

借方科目：银行存款　　　　2×21 年 2 月 3 日　　　　银收字第003号

摘要	贷方科目		账页	金额										记账
	一级科目	二级或明细科目		千	百	十	万	千	百	十	元	角	分	
收到达康商贸公司预付款 20 000 元	预收账款	达康商贸公司					2	0	0	0	0	0	0	✓
合计						¥	2	0	0	0	0	0	0	

会计主管：××　　记账：××　　出纳：××　　审核：××　　填制：××

根据会计凭证，登记账簿，见表 4-30。

表 4-30　明细分类簿

会计科目：预收账款

编　　号：2203

2×21 年		凭证科目代码	摘要	对方科目	借方										贷方										借或贷	余额									
月	日				千	百	十	万	千	百	十	元	角	分	千	百	十	万	千	百	十	元	角	分		千	百	十	万	千	百	十	元	角	分
1	1		期初余额																														0	0	0
2	3	银收字第 003 号	达康商贸公司	银行存款														2	0	0	0	0	0	0	贷				2	0	0	0	0	0	0

4.5.7　应付账款的核算

1. 应付账款入账时间及金额的确定

应付账款的入账时间，应以购买物资的所有权的风险和报酬已经转移或劳务已接受为标志。现行企业会计制度对应付账款的入账时间做了以下两种情况的规定。

(1) 在货物与发票账单同时到达的情况下，应付账款一般待货物验收入库后，才按发票账单所记载的实际价款入账。这样，确认所购货物的质量、品种及数量是否与合同条款相符，可以避免因先入账再行调账的情况。

(2) 在货物与发票账单非同时到达，且两者间隔较长时间的情况下，应付账款的入账时间以收到发票账单为准。对于货到未付款的情况，由于该笔负债已经成立。月末编制资产负债表时，企业应将所购货物及应付债务暂估价入账，以使在月末编报的资产负债表中客观地反映企业所拥有的资产和应承担的债务。

应付账款的入账金额通常按发票账单等凭证上记载的实际发生额登记入账；当购货附有现金折扣条件时，应付账款的入账金额一般采用总价法核算。在总价法下，应付账款发生时，直接按发票上的应付金额的总额记账。如果在折扣期内付款，所取得的现金折扣收入作为理财收益处理。

2. 应付账款的核算

为了核算企业因购买材料、接受劳务等而应向供应方支付的款项，企业应当设置“应付账款”账户。“应付账款”属于负债类账户，一般按供应单位设置明细账进行明细核算。

企业应付账款的发生有两种情况，应分别根据不同情形给予不同的会计处理。具体见表 4-31。

表 4-31　应付账款的账务处理

<table>
<tr><th colspan="2">业务情景</th><th>账务处理</th></tr>
<tr><td colspan="2">采购的材料已入库，但货款尚未支付，则根据发票记载已到的收料凭证入账</td><td>借：原材料、库存商品（按实际应付金额）
应交税费——应交增值税（进项税额）
贷：应付账款</td></tr>
<tr><td rowspan="2">所购材料已到，但月终发票单据未到，货款尚未支付</td><td>月终暂估计所购材料的成本和增值税</td><td>借：材料采购（按暂估价）
应交税费——应交增值税（进项税额）
贷：应付账款</td></tr>
<tr><td>下月初用红字予以冲销，待发票单据到达后再付款</td><td>借：材料采购（按实际支付额）
应交税费——应交增值税（进项税额）
贷：银行存款</td></tr>
</table>

【例 4-17】　2×21 年 4 月 1 日，康仁电子有限公司从 A 公司购入一批材料，货款为 430 000 元，增值税为 55 900 元。材料已运达企业并已验收入库（公司材料采用实际成本计价核算），款项尚未支付。

① 应付账款发生时。

借：原材料　　430 000

　　应交税费——应交增值税（进项税额）　　55 900

贷：应付账款——A公司　　485 900

② 支付应付账款时。

借：应付账款　　485 900

贷：银行存款　　485 900

4.6 往来账务清理

企业往来账清理包括应收、应付账款的清理。应收款项指企业因销售、预付、外借等原因形成的所有债权，包括应收、预付款项，其他应收款等。应付款项是指销售、预付、外借等原因形成的债务，包括应付、预收款项及其他应付款等。

4.6.1 应收款项的清理

应收款项主要包括应收账款、预付账款和其他应收款，因此清理工作也主要是围绕这些会计科目进行的。企业执行“新收入准则”之后，企业预付采购款通过“合同资产”科目核算。

1. 应收款项内部控制管理

应收款项内部控制管理如下：

(1) 销售部负责对客户资料调查，建立客户资信档案。企业对客户进行信用等级评定，以确定资信额度和信用期限。

(2) 销售部做好对客户资信档案的管理，对于资信额度较弱的企业，公司严格从发货程序控制，做到先收款后发货。

(3) 财务部在确认收入时开具发票，在不确定收入时不得开具收入发票。

(4) 严格按照销售合同和协议对往来客户进行催款。

(5) 销售部同财务部积极配合做好与客户的订单核对工作。

(6) 财务部每月根据应收款项账龄分析，确定坏账准备金额，并做出收账成本分析。

2. 期末催账

(1) 财务部及时计算应收账款余额并制作对账函。

企业负责往来账的会计，应及时做出客户应收账款账务处理，制作对账函，核对无误后加盖公司印章。

对账函格式如下：

××公司：

本公司正在对贵公司截止发函日与我公司的经济往来账项进行核对。下列数额出自本公司账簿记录，如与贵公司记录相符，请在本函下端“数据证明无误”处签字证明；如有不符，请在“数据不符及需加说明事项”处详为指正。本公司谨对贵公司表示谢意。回函请直接寄回我公司财务部。

地址：______________________

电话：______________________

联系人：______________________

截止日期	贵公司欠我公司	我公司欠贵公司	合计
备注			

发函单位：

日期：

数据证明无误	数据不符及需加说明事项

（2）及时发出对账函，积极催促客户回函。

财务部将对账函发给销售部门，由销售人员寄出并催促客户及时核对对账函，商请客户及时回函。客户将确认的对账函直接交给销售人员的，销售人员应在第一时间将回函交到公司财务部。

（3）财务部及时检查回函情况。

对于客户回函，财务部应及时检查回函情况，一般有三种情况：一是确认对账函的数据；二是不认可对账函的数据；三是没有回函。

针对第二种和第三种情况，财务部应先从企业内部查明原因：

①将不属于该客户的应收账挂在了该客户名下；

②将该客户前期回款错误地记载了其他客户名下；

③客户反馈支付了货款，但是尚未收到；

④客户认为对账函中发生额计价有误；

⑤客户反馈根本就没有收到对账函发生额对应业务的货物。

第①②项，财务部应重新查询相关原始凭证，与销售部门订单核对，查找错误原因。第③至第⑤项，如客户回函已经支付了货款，请对方出具付款凭据，仔细检查收款人与金额，再查询相关收款凭证，是否存在销售人员收取了现金等。对于客户反馈根本就没有收到的货物，需要查明企业货物发出的流程，检查是公司自己送货还是委托物流送货，检查客户验收证明是否有伪造的嫌疑等。对于客户反馈对账函发生额对应业务的计价错误的，要查明是货物短少引起还是货物单价不符引起的，要与合同进行核对。

对于客户根本就没有回函的，需要查明：该客户是否更换地址或未收到对账函。

往来账项询证函

致：　　　　　　　　　　　　　　　　　　　　　　　索引号：

本公司聘请上岭会计师事务所对本公司2×21年1月至2×21年6月30日财务报表进行审计，按照中国注册会计师审计准则的要求，应当询证本公司与贵公司的往来账项事项。下列信息出自本公司账簿记录，如与贵公司记录相符，请在本函下端“信息证明无误”处签章证明；如有不符，请在“信息不符及需加说明事项”处列明不符项目，如存在与本公司有关的未列入本函的其他项目，请在“信息不符及需加说明事项”处列出这些项目的金额及详细资料，回函请寄上岭会计师事务所。

地址：　　　　　　　　　　　　　　　　　　　　邮编：

电话：　　　　　　　　　　　　　　　　　　　　传真：

联系人：

1. 销售与收款

截止日期	贵公司欠	销售给贵公司	欠贵公司	本公司科目
				应收账款

2. 采购与付款

截止日期	贵公司欠	向贵公司采购	欠公司	本公司科目
2×19年1—3月		456 6346		应付账款——材料款
2×18年11月		34 900		应付账款——材料款

本函仅为复核账目之用，并非催款结算，若款项在上述日期之后已经付清，仍请及时函复为盼。

（公司盖章）

日　期：

经办人：

信息证明无误	信息不符及需加证明事项

3. 计提坏账准备

根据应收账款账龄，对呆坏账应及时作出会计处理，按照账龄分析结果计提坏账准备。

《国家税务总局关于发布〈企业资产损失所得税税前扣除管理办法〉的公告》(国家税务总局公告 2011 年第 25 号）规定：

第二十二条　企业应收及预付款项坏账损失应依据以下相关证据材料确认：

（一）相关事项合同、协议或说明；

（二）属于债务人破产清算的，应有人民法院的破产、清算公告；

（三）属于诉讼案件的，应出具人民法院的判决书或裁决书或仲裁机构的仲裁书，或者被法院裁定终（中）止执行的法律文书；

（四）属于债务人停止营业的，应有工商部门注销、吊销营业执照证明；

（五）属于债务人死亡、失踪的，应有公安机关等有关部门对债务人个人的死亡、失踪证明；

（六）属于债务重组的，应有债务重组协议及其债务人重组收益纳税情况说明；

（七）属于自然灾害、战争等不可抗力而无法收回的，应有债务人受灾情况说明以及放弃债权申明。

第二十三条　企业逾期三年以上的应收款项在会计上已作为损失处理的，

可以作为坏账损失，但应说明情况，并出具专项报告。

第二十四条 企业逾期一年以上，单笔数额不超过五万元或者不超过企业年度收入总额万分之一的应收款项，会计上已经作为损失处理的，可以作为坏账损失，但应说明情况，并出具专项报告。

一般企业坏账准备的计提范围是：应收票据、应收账款、预付账款、其他应收款、长期应收款等应收款项。对坏账损失的核算，采用备抵法。在备抵法下，企业每期末要估计坏账损失，设置“坏账准备”账户。

(1) 计提坏账的账务处理。

借：资产减值损失

　　贷：坏账准备

(2) 发生坏账的账务处理。

借：坏账准备

　　贷：应收账款/其他应收款

4.6.2 预付账款的清理

企业采购重要物资、大型设备或服务等一般要先支付定金或预付部分款项，期末重点清查否已经收到货物，销售方是否按进度生产或调集物资等。同时检查是否存在已经收到物资、大型设备或业务已经完成，收到全额发票且已支付余款，但会计没有及时处理应付账款。另外，企业作为福利发给职工的购物券、消费券，要及时索要发票并报账。

4.6.3 其他应收款的清理

其他应收款科目对内核算企业内部员工的借款、应向职工收取的各种垫付款项，如为职工垫付的水电费、应由职工负担的医药费，以及备用金等；对外核算存出保证金、押金等。对于员工的欠款，要分析原因，对因出差等借支款项应及时报账。其他借款要保存借条，适时催促员工还款。

对于保证金、押金等，要妥善保管收款凭证，同时到期时要及时催收。对股东借款，要及时进行清理，尤其是数额巨大的款项，避免引起审计与税务风险。2018年，千山药机大股东巨额借款无法收回，100%计提坏账准备，引起股价大跌。

4.6.4 应付款项的清理

应付款项主要包括应付账款、预收账款、其他应付款等。

对于应付款项的清理，注意检查以下事项：

(1) 检查是否存在长期挂账且确实无法支付的款项；

(2) 检查会计上虽然是记在应付款项科目下面，但是税务上可能涉及需要确认应税收入的情况。

(3) 批准核销长期挂账确实无法支付的应付款项：

借：应付账款

　　贷：营业外收入

应付款项管理如下：

(1) 对采购形成的应付款项，根据库房实际入库单，按照采购合同价格和付款期限支付货款。

(2) 原材料供应商开具与实际入库数量、金额相符的增值税专用发票到财务部办理结算。

(3) 库房管理人员在每月 30 日之前与供应商核对本月进货数量与金额，财务部根据库房管理员出具的核对后的数量和金额办理相应付款业务。

(4) 采购部办理付款手续，经过公司主管签字审批，财务部核实后，按照本月资金使用计划支付应付款项。

(5) 关联企业应付款项的支付按照签订协议执行。考虑利息和公司信誉，按照规定的日期归还应付款项。

(6) 应付款项支付以票据为主，避免使用现金支付。

(7) 企业财务部每月与采购部及供应厂家核对应付账款余额，财务部每月上报公司主管应付账款明细表。

(8) 财务部根据具体资金计划支付每月的应付款项，做到既不耽误公司生产运营，同时又使资金得到合理的利用。

第 5 章　企业内部资产的核算

企业内部资产分为有形资产和无形资产：有形资产不仅包括企业拥有或控制的现金、银行存款、有价证券等资金，还包括以实物形态存在的存货、固定资产等；无形资产主要包括商誉、专利使用权等。

5.1　资金核算与管理

货币资金是企业能够正常生产经营的命脉，如何使用资产，管理资金，《现金管理暂行条例》《企业财务通则》均作出规定。企业货币资金包括库存现金、银行存款和其他货币资金。

5.1.1　现金

企业为保证生产经营活动的正常进行，必须拥有一定数额的现金。由出纳人员经管的现金，包括人民币现金和外币现金。即与会计核算中“库存现金”科目所包括的内容一致。

1. 库存现金的核算

库存现金的核算，包括总分类核算和明细分类核算。

（1）库存现金的总分类核算是通过设置“库存现金”账户进行的。“库存现金”账户是资产类账户，借方反映库存现金的收入，贷方反映库存有现金的支出，余额在借方，表示库存现金的余额。表 5-1 为总分类账格式。

（2）明细分类核算是通过设置现金日记账进行的。现金日记账必须采用订本式账簿，并为每一账页顺序编号，防止账页丢失或随意抽换，也便于查阅。现金日记账一般采取收、付、存三栏式格式，由出纳人员根据审核后的原始凭证或现金收款凭证、付款凭证逐日逐笔序时登记。每日终了，应计算当天现金收入、支出的合计数和结存数，并同实存现金进行核对，做到日清月结，保证账款相符。

表 5-1　总分类账

科目________编码________　　________年度

年		记账凭证号数	摘要	对方科目	借方										贷方										借或贷	余额									
月	日				千	百	十	万	千	百	十	元	角	分	千	百	十	万	千	百	十	元	角	分		千	百	十	万	千	百	十	元	角	分

总分类账户中现金账户余额应与现金日记账的余额相等。

2. 库存现金限额

按照《现金管理暂行条例》及实施细则规定，库存现金限额由开户银行和开户单位根据具体情况商定，凡在银行开户的单位，银行根据实际需要核定 3 至 5 天的日常零星开支数额作为该单位的库存现金限额。边远地区和交通不便地区的开户单位，其库存现金限额的核定天数可以适当放宽在 5 天以上，但最多不得超过 15 天的日常零星开支的需要量。库存现金限额每年核定一次，经核定的库存现金限额，开户单位必须严格遵守。其核定具体程序为：

（1）开户单位与开户银行协商核定库存现金限额。

库存现金限额＝每日零星支出额×核定天数

每日零星支出额＝月（或季）平均现金支出额（不包括定期性的大额现金支出和不定期的大额现金支出）÷月（或季）平均天数

（2）开户单位填制“库存现金限额申请批准书”。

（3）开户单位将申请批准书报送单位主管部门，经主管部门签署意见，再报开户银行审查批准，开户单位凭开户银行批准的限额数作为库存现金限额。

各单位实行收支两条线，不准“坐支”现金。所谓“坐支”现金是指企业事业单位和机关、团体、部队从本单位的现金收入中直接用于现金支出。

各单位现金收入应于当日送存银行，如当日确有困难，由开户单位确定送存时间，如遇特殊情况需要坐支现金，应该在现金日记账上如实反映坐支情况，并同时报告开户银行，便于银行对坐支金额进行监督和管理。

企业日常提取现金账务处理如下：

从银行提取时，根据支票存根所记载的提取金额

借：库存现金

　贷：银行存款

将现金存入银行，根据银行退回的进账单第一联

借：银行存款

　贷：库存现金

【例 5-1】 2×21 年 1 月 16 日，汕头建筑有限公司签发支票从银行提取 5 000 元。现金支票存根见表 5-2，账务处理如下：

借：库存现金　　　　5 000

　贷：银行存款　　　　5 000

表 5-2　现金支票存根

中国工商银行

现金支票存根（深）

IV V0003221

科　　目：

对方科目：

出票日期：2×21 年 1 月 16 日

收 款 人：本公司

金　　额：5 000

用　　途：备用金

单位主管：××　　　　会　　计：××

根据上述资料，填写现金日记账，见表 5-3。

表 5-3　现金日记账

2×21 年		凭证科目代码	摘要	对方科目	借方										贷方										余额									
月	日				千	百	十	万	千	百	十	元	角	分	千	百	十	万	千	百	十	元	角	分	千	百	十	万	千	百	十	元	角	分
1	1		上年结转																										4	0	0	0	0	0
1	16	收字第 001 号	提现支 3221#	银行存款					5	0	0	0	0	0															9	0	0	0	0	0
			本日合计						5	0	0	0	0	0															9	0	0	0	0	0

5.1.2 银行存款

同库存现金一样，企业应当设置银行存款总账和银行存款日记账，分别进行银行存款的总分类核算和明细分类核算。《银行账户管理办法》将企业、事业单位的存款账户分为四类，即基本存款账户、一般存款账户、临时存款账户和专用存款账户。

为了反映和监督企业银行存款的收入、支出和结存情况，企业应当设置“银行存款”科目，借方登记企业银行存款的增加，贷方登记企业银行存款的减少，期末借方余额反映企业实际持有的银行存款的金额。

【例 5-2】 同仁设备厂取得短期借款 5 400 000 元，年利率 5%，借款期限 6 个月。利息数额较少，不进行计提，一直到期还本付息。银行回单见表 5-4。

6 个月的利息 = 5 400 000 × 5% ÷ 12 × 6 = 135 000(元)

2×21 年 1 月 1 日，取得借款时，见表 5-4。

借：银行存款　　　　　　　　5 400 000

　　贷：短期借款　　　　　　　　5 400 000

表 5-4　中国工商银行流动资金借款收据（回单）

2×21 年 1 月 1 日

<table>
<tr><td>借款单位全称</td><td colspan="2">同仁设备厂</td><td colspan="5">存款账号</td><td colspan="5">645768554</td></tr>
<tr><td>贷款种类</td><td>短期借款</td><td>年利率 5%</td><td colspan="5">贷款户账号</td><td colspan="5">13213232</td></tr>
<tr><td rowspan="2">贷款金额</td><td colspan="2" rowspan="2">人民币（大写）伍佰肆拾万元整</td><td>千</td><td>百</td><td>十</td><td>万</td><td>千</td><td>百</td><td>十</td><td>元</td><td>角</td><td>分</td></tr>
<tr><td>¥</td><td>5</td><td>4</td><td>0</td><td>0</td><td>0</td><td>0</td><td>0</td><td>0</td><td>0</td></tr>
<tr><td colspan="3">借款原因或用途：流动资金</td><td colspan="5">约定还款期限</td><td colspan="5">2×21 年 6 月 30 日</td></tr>
<tr><td colspan="3">备注：</td><td colspan="10">上列贷款已转入你单位存款户</td></tr>
</table>

龙岗支行
2×21-01-01
转讫

货币资金管理

5.1.3 受限资金

受限资金是指企业拥有所有权，但由于受到法律规定或合同约定的限制，导致不能随时不受限制地用于对外支付用途的银行存款的货币资金，主要包括：

（1）冻结资金；

（2）抵押、质押资金；

（3）根据借款合同约定的某一指定账户中必须保持的最低存款余额；

（4）保证金，包括保函保证金、票据保证金、信用保证金、农民工工资保证金等保证金；

（5）存放在证券公司用于短期投资的存出投资款；

（6）不可随意支取的，变现能力受限的定期存款；

（7）金融企业存放中央银行法定准备金存款；

（8）保险公司的资本金存款；

（9）信托公司的风险准备金；

（10）存放在境外的，使用受到一定限制的款项；

（11）有潜在回收风险的款项；

（12）其他使用有限制或具有专门用途的款项，包括存放在三方共管专户、维修基金专户、社保专户、房改专户、房地产预售监管账户、农民工工资专户中的款项等。

表 5-5 是某家上市公司公布受限制货币资金的明细。

表 5-5　上市公司公布受限制货币资金的明细

其中受限制的货币资金明细如下：

项　　目	期末余额	期初余额
银行承兑汇票保证金	120 429 117.60	51 905 594.03
质押的定期存款	50 000 000.00	—
被冻结的银行存款	8 450 000.00	18 150 000.00
信用证保证金	7 502 931.91	2 005 902.53
外汇期权保证金	5 613 400.00	3 023 400.00
保函保证金	1 425 553.90	—
银行贷款保证金	987 723.03	50 976 000.00
建设项目履约保证金	200 000.00	500 000.00
质押的通知存款	—	54 000 000.00
合计	194 608 726.44	180 260 896.56

5.2　资金集中管理模式

企业集团资金集中管理有多种模式，传统模式包括统收统支、拨付备用金模式；现代管理模式包括内部银行、结算中心以及财务公司等。

5.2.1 统收统支模式

在统收统支的情况下，集团公司的一切现金收付业务集中在集团总部的财务部门，下属公司（或分支机构）不单独设立账号，现金收支的审批权集中在企业高层管理者手中。在这种模式下：① 需要设置专门的收款账户，接受集团及其子公司的所有收入款项，该账户只用于资金的统一调拨，不能作为日常的资金支出；② 需要设置专门的付款账户，集团财务中心和各子公司财务部均在集团及其子公司所在地设立资金支出账户，集团总部和各子公司只允许保留一个费用支出账户。

账务处理如下：

子公司或分支机构账务处理	集团公司的账务处理
借：内部往来—总部 　贷：主营业务收入、其他应付款等	借：银行存款—××公司 　贷：内部往来—子公司

【例 5-3】 绿地集团建筑有限公司资金管理实行统收统支模式，盛达建筑有限公司是其子公司。2×21 年 3 月 10 日，盛达建筑有限公司财务部收到甲项目工程款 6 554 000 元并存入子公司所在地总账账户后，开具“内部转账会签单”，注明货款由总部统收，一联转总部，一联留作账务处理，见表 5-6。

盛达建筑有限公司账务处理如下所示。

借：内部往来——绿地集团建筑有限公司　　6 322 000

　贷：主营业务收入——工程款——甲项目　　5 800 000

　　应交税费——应交增值税（销项税额）　　522 000

表 5-6　内部转账会签单

转入单位：绿地集团建筑有限公司　　日期：2×21 年 3 月 10 日

摘　　要	科目名称
2×21 年 3 月 10 日，收到甲工程项目工程款 6 322 000 元	60010101 主营业务收入——工程款——甲项目
金额合计（大写）人民币：陆佰叁拾贰万贰仟元整	
本通知书附件共 3 张： 发票、合同 、结算单	备注 工程款由总部统收

编制单位：盛达建筑有限公司　　财务主管：××　　复核××

绿地集团建筑有限公司账务处理如下：

借：银行存款——盛达建筑有限公司　　　　6 322 000

　　贷：内部往来——盛达建筑有限公司　　　　6 322 000

5.2.2 拨付备用金模式

拨付备用金是指集团总部在一定的时间内拨给下属子公司或分支机构一定数额的现金备其使用。在该种模式下，下属子公司或分支机构的现金收入必须集中到集团总部财务部门，下属子公司或分支机构所发生的现金支出必须持有关凭证到集团总部的财务部门报销以补足备用金。在集团总部规定的现金支出范围和支出标准之内，下属子公司或分支机构可以对拨付的备用金的使用行使决策权。

> 统收统支和拨付备用金均属高度集权的资金管理模式，仅适用于集团总部管理同城或相距不远的非独立核算的分支机构，至于远程子公司通常不宜采取这种高度集权的资金管控方式。

【例 5-4】 亚鑫集团公司实行备用金模式结算资金业务。2×21 年 4 月 2 日，该集团公司向子公司辰阳有限公司拨付备用金 200 000 元。账务处理如下：

借：其他应收款——内部往来——辰阳有限公司　　　　200 000

　　贷：银行存款　　　　200 000

辰阳有限公司收到集团公司拨款时。

借：银行存款　　　　200 000

　　贷：其他应付款——内部往来——总公司　　　　200 000

5.2.3 内部银行模式

内部银行是模仿商业银行的职能与管理方式在企业内部建立并执行的内部业务核算的办法。内部银行运作具体包括以下方面：

(1) 设立内部结算账户。集团下属公司都在内部银行开设账户，所有结算业务均通过内部银行办理往来结算。

（2）发行支票和货币。内部银行根据有关规定发行其自身的支票和货币，在集团下属公司使用。

（3）发放内部贷款。内部银行根据集团公账户为各下属公司核定的资金和费用定额等，对其发放贷款。

（4）筹措资金。由内部银行统一对外筹措资金，各分公司无权对外筹资。

（5）银行化管理。内部银行实行银行化管理，独立核算、自负盈亏。

设立内部银行是把一种模拟的银企关系引入到集团内部的资金管理中，各分公司与集团是一种贷款管理关系，内部银行成了结算中心、货币发行中心、贷款中心和监管中心。

内部银行模式适用于集团公司以及高等院校、科研机构等。

5.2.4 资金结算中心

资金结算中心通常是由企业集团内部设立的，办理现金收付和往来结算。集团公司下属单位都有各自的财务部门并有独立的账号（通常是二级账号）进行独立核算，拥有现金的经营权和决策权。集团下属公司根据结算中心制定的最高现金保存额（通常按日常零星支出支付需要确定），将每日超出部分的现金收入转入结算中心设立的专门账户，当各分公司超过核定定额的现金时，必须事先向结算中心提出申请。申请有两种方式：一是逐项审批制，即对资金的用途、数额、时间等进行审核，经批准后拨款；二是超权限审批制，即超过审批权限的部分，必须经过经营者或其授权人批准。具体规定如下：

（1）集团公司下属的现金收入，必须转账存入结算中心在银行开立的账户，不得挪用；

（2）统一拨付下属公司所需的货币资金，监控货币资金的用途；

（3）统一对外筹资，确保整个集团的资金分配；

（4）办理下属公司之间的往来结算；

（5）核定各分公司日常留用的现金余额。

5.2.5 财务公司模式

我国的财务公司由人民银行批准，作为集团公司的子公司而设立，是独立法人单位。

集团财务公司一般通过与集团各公司签订金融服务协议方式，将各公司的资金归集，实现集团资金池的建立，并为各公司提供资金划拨、利息结算、贷款等服务。

一级账户通常是集团公司财务公司在商业银行开户，作为资金池，其成员单位银行账户作为资金池二级账户，不再设置三级账户。财务公司收入主要有三部分：一是资金池在银行存款的利差收入；二是向成员单位收取的贷款利息收入；三是利用资金池的资金进行投资取得的收益。

1. 资金的归集各级会计处理

清算中心/二级资金中心

借：银行存款——财务公司
　　贷：其他应付款——下级单位

下级单位

借：其他应收款——清算中心
　　贷：银行存款——财务公司

财务公司

借：内部往来——资金集中
　　专户——二级资金中心
贷：吸收存款——二级

资金中心

借：吸收存款——下级单位
贷：内部往来——委存
　　专户——下级单位

【例 5-5】　2×21 年 5 月 10 日，恒通建筑集团公司设有结算中心，其下属子公司天祥工程有限公司存入财务公司 1 000 000 元。根据银行对账单，恒通建筑集团公司会计处理如下。

借：银行存款——财务公司　　1 000 000
　　贷：其他应付款——天祥工程有限公司　　1 000 000

天祥工程有限公司支付款项时，账务处理如下。

借：其他应收款——结算中心　　1 000 000
　　贷：银行存款——财务公司　　1 000 000

财务公司根据银行进账单、银行付款单，会计处理如下。

借：内部往来——资金集中专户——结算中心　　1 000 000
　　贷：吸收存款——结算中心　　1 000 000

借：吸收存款——天祥工程有限公司　　1 000 000
　　贷：内部往来——委存专户——天祥工程有限公司 1 000 000

2. 资金下拨的账务处理

资金下拨账务处理如下。

清算中心/二级资金中心

借：其他应付款——下级单位

　　贷：银行存款——财务公司

下级单位账务处理

借：银行存款——财务公司

　　贷：其他应收款——清算中心/二级资金中心

财务公司账务处理

借：吸收存款——二级资金中心

　　贷：内部往来——资金集中专户——二级资金中心

借：内部往来——委存专户——下级单位

　　贷：吸收存款——下级单位

【例 5-6】 2×21 年 5 月 14 日，恒通建筑集团公司结算中心向下属子公司天祥工程有限公司支付 500 000 元，根据银行付款单，会计处理如下：

借：其他应付款——天祥工程有限公司	500 000	
贷：银行存款——财务公司		500 000

天祥工程有限公司收到资金后，会计处理如下：

借：银行存款——财务公司	500 000	
贷：其他应收款——恒通建筑集团公司结算中心		500 000

财务公司根据银行进账单、银行付款单处理如下：

借：吸收存款——恒通建筑集团公司结算中心	500 000	
贷：内部往来——资金集中专户——恒通建筑集团公司结算中心		500 000
借：内部往来——委存专户——天祥工程有限公司	500 000	
贷：吸收存款——天祥工程有限公司		500 000

> 根据《财政部　国家税务总局关于全面推开营业税改征增值税试点的通知》(财税〔2016〕36号)附件3规定，在统借统还业务中，企业集团或企业集团中的核心企业(一般是指集团中的母公司)以及集团所属财务公司，按不高于支付给金融机构的借款利率水平或者支付的债券票面利率水平，向企业集团或者集团内下属单位收取的利息，免征增值税，否则应全额征收增值税。

5.3　库存材料的管理

为了控制材料采购成本，企业一般采用计划成本法核算材料的成本。

材料按计划成本法核算时，材料的收发与结存，均按计划成本计价。

5.3.1 库存材料科目设置

1. “材料采购”账户

材料采购科目应当按照供应单位和物资品种进行明细核算。按照供货单位、商品类别等设置明细账，企业经营进、出口商品的，可根据需要分别按进口材料采购和出口材料采购进行明细核算。

企业应设置“材料采购”“材料成本差异”会计账户。

借方　　　　　　材料采购账户　　　　　　贷方

期初余额	
本期材料采购增加额	本期材料采购减少额
本期借方发生额合计	本期贷方发生额合计
期末余额	

2. “材料成本差异”账户

“材料成本差异”账户的明细分类核算，可按材料类别进行，也可按全部材料合并进行。按材料类别进行明细分类核算，可使成本中材料费的计算比较精确，但要相应多设材料成本差异明细分类账，增加核算工作量。如果将全部材料合并一起核算，虽可简化核算工作，但会影响成本计算的正确性。因此在决定材料成本差异的明细分类核算时，既要考虑到成本计算的正确性，又要考虑核算时人力上的可能性。账户结构如下：

借方　　　　　　材料成本差异账户　　　　　　贷方

期初余额	
本期材料成本差异增加额	本期材料成本差异减少额
本期借方发生额合计	本期贷方发生额合计
期末余额	

材料成本差异的分配，根据发出耗用材料的计划价格成本和材料成本差异分配率进行计算。

5.3.2 月末材料计划成本调整

购入材料时，按实际成本通过“材料采购”科目核算，材料的实际成本与计划成本的差异，通过“材料成本差异”科目核算。月末，计算本月发出材料应负担的成本差异并进行分摊。根据领用材料的用途计入相关资产的成本或当期损益，从而将发出材料的计划成本调整为实际成本。计划成本示意如图 5-1 所示。

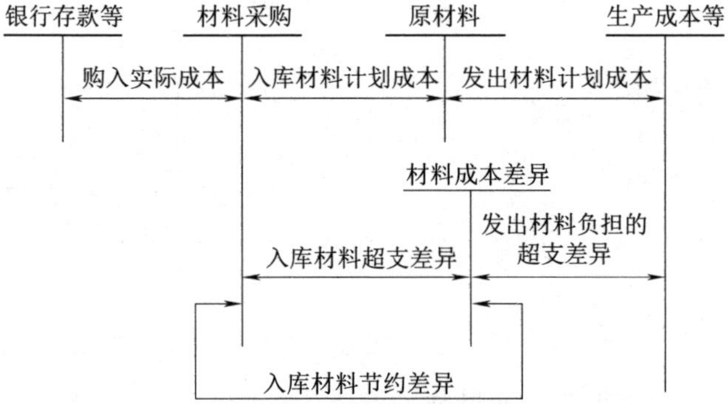

图 5-1　计划成本示意图

计划成本法下，相关的计算公式如下：

本期材料成本差异率 =（期初材料成本差异 + 本期入库材料成本差异）÷（期初原材料计划成本 + 本期入库材料计划成本）× 100%

本月发出材料应负担的成本差异 = 本月发出材料的计划成本 × 材料成本差异率

本月发出材料的实际成本 = 本月发出材料的计划成本 + 本月发出材料应负担的成本差异

本月结存材料的实际成本 = 本月结存材料的计划成本 + 本月结存材料应负担的成本差异

本月结存材料的实际成本 =（月初结存材料的计划成本 + 本月增加材料的计划成本 − 本月发出材料的计划成本）×（1 + 材料成本差异率）

说明：结存材料的计划成本 = 期初计划成本 + 本期入库计划成本 − 发出材料计划成本。

① 对于购入的材料只有在实际成本、计划成本已定并已验收入库的条件下计算购入材料的成本差异，材料成本差异的结转可在入库时结转，也可以在月末汇总时结转。

② 材料成本差异率的计算中超支或借方余额用“正号”表示，节约或贷

方余额用“负号”表示；发出材料承担的成本差异，始终计入材料成本差异的贷方，只不过超支差异用蓝字表示，节约用红字表示，最终计入成本费用的材料还是实际成本。

采用计划成本核算时的账务处理，如下所示。

结转成本差异(超支差)
借：材料成本差异(超支差)
　　贷：材料采购
结转成本差异(节约差)
借：材料采购
　　贷：材料成本差异(节约差)

期末结转差异(超支差)
借：生产成本
　　贷：材料成本差异(超支差)
期末结转差异(节约差)
借：材料成本差异(节约差)
　　贷：生产成本等

计划成本法下的购入核算，主要包括三个方面：一是反映物资采购成本的发生；二是按计划成本反映材料验收入库；三是接转入库材料成本差异。

【例 5-7】 2×21 年 1 月 21 日，康达电子有限公司从乙公司购入一批甲材料，增值税专用发票注明价款 35 000 元，增值税 4 550 元，乙公司代垫运费 200 元。企业收到物资并验收入库。计划成本 34 800 元，货款通过银行进行结算。

(1) 支付货款时，根据发票、银行结算单据编制分录。

借：材料采购——甲材料(35 000+200)　　35 200
　　应交税费——应交增值税（进项税额）　　4 550
　　贷：银行存款　　39 750

根据上述业务，登记会计凭证，见表 5-7。

表 5-7　付款凭证

附件：××张

贷方科目：银行存款　　2×21 年 1 月 21 日　　银付字第023号

摘要	借方科目		账页	金额										记账
	一级科目	二级或明细科目		千	百	十	万	千	百	十	元	角	分	
从乙公司购入甲材料	材料采购	甲材料					3	5	2	0	0	0	0	✓
	应交税费	应交增值税（进项税额）						4	5	5	0	0	0	✓
合计						¥	3	9	7	5	0	0	0	

会计主管：××　　记账：××　　出纳：××　　审核：××　　填制：××

（2）材料入库时，根据收料单编制分录，见表 5-8。

表 5-8　材料入库单

2×21 年 1 月 22 日

材料名称	规格型号	数量		单位	单价	金额									
		交库	实收			千	百	十	万	千	百	十	元	角	分
甲材料		100	100	吨	352				3	5	2	0	0	0	0
合计								¥	3	5	2	0	0	0	0

借：原材料——甲材料　　　34 800

　　材料成本差异　　　400

　　贷：材料采购——甲材料　　　35 200

根据上述业务，登记会计凭证，见表 5-9。

表 5-9　转账凭证

附件：××张

2×21 年 2 月 22 日　　　转字第 023 号

摘要	一级科目	二级或明细科目	账页	借方金额									贷方金额									记账
				百	十	万	千	百	十	元	角	分	百	十	万	千	百	十	元	角	分	
甲材料入库	原材料	甲材料				3	4	8	0	0	0	0										✓
	材料成本差异							4	0	0	0	0										✓
	材料采购	甲材料													3	5	2	0	0	0	0	✓
合计					¥	3	5	2	0	0	0	0		¥	3	5	2	0	0	0	0	

会计主管：××　　记账：××　　出纳：××　　审核：××　　填制：××

登记明细分类簿见表 5-10。

表 5-10　明细分类簿

会计科目：材料采购——甲材料

编　号：1401

2×21 年		凭证科目代码	摘要	对方科目	借方										贷方										借或贷	余额									
1 月	日				千	百	十	万	千	百	十	元	角	分	千	百	十	万	千	百	十	元	角	分		千	百	十	万	千	百	十	元	角	分
11	1		期初余额																														0	0	0

续上表

2×21年		凭证科目代码	摘要	对方科目	借方										贷方										借或贷	余额									
1月	日				千	百	十	万	千	百	十	元	角	分	千	百	十	万	千	百	十	元	角	分		千	百	十	万	千	百	十	元	角	分
11	21	银付字第023号	采购甲材料	银行存款等				3	5	2	0	0	0	0											借			2	3	5	2	0	0	0	0
1	22	转字第023号	甲材料验收入库	原材料														3	5	2	0	0	0	0	平								0	0	0

5.4 固定资产日常管理

做好固定资产日常管理，要先按规定对固定资产购置、分类、调拨、折旧、报废清理等进行详细记录与核算。

5.4.1 设置固定资产台账

1. 购置入库

固定资产在入库时，管理人员将固定资产数据，如名称、数量、金额等进行验收并登记，使用条形码进行固定资产精细化管理。

2. 固定资产的分类标准

依据《中华人民共和国国家标准（GB/T 14885—2010）》（以下简称GB/T 14885—2010），结合企业实际情况，确定固定资产类别如下：

（1）土地、房屋及构筑物；

（2）通用设备；

（3）专用设备；

（4）文物及陈列品；

（5）图书、档案；

（6）家具、用具、装具及动植物。

3. 建立固定资产日常管理台账

固定资产台账通常详细记录购入的时间、价格、经办人、使用部门以及变动情况，是财务人员或统计人员记录、核算与管理固定资产的主要手段。

企业应当建立固定资产台账，详细记录固定资产类别、购入时间、入账金额、使用部门、折旧费的提取等。财务部门和使用部门都要建立台账，数据应一致。

固定资产管理台账见表 5-11。

表 5-11　固定资产管理台账

单位名称：　　　　　　　　　　部门：　　　　　　　　　　金额单位：人民币元

序号	类别	资产编码	资产名称	购置日期	使用年限	存放地点	使用部门	计量单位	资产原值			年折旧率		月折旧额	入账日期	使用状态	
									数量	单价	金额	年限	折旧率			在用	停用

5.4.2　固定资产折旧会计处理

固定资产折旧是指在固定资产使用寿命内，按照确定的方法对应计折旧额进行系统分摊。

1. 折旧年限的规定

《中华人民共和国企业所得税法实施条例》对固定资产的最低折旧年限规定如下：

（1）房屋、建筑物，为 20 年；

（2）飞机、火车、轮船、机器、机械和其他生产设备，为 10 年；

（3）与生产经营活动有关的器具、工具、家具等，为 5 年；

（4）飞机、火车、轮船以外的运输工具，为 4 年；

（5）电子设备，为 3 年。

固定资产按照直线法计算的折旧，准予扣除。企业应当自固定资产投入使用月份的次月起计算折旧；停止使用的固定资产，应当自停止使用月份的次月起停止计算折旧。企业应当根据固定资产的性质和使用情况，合理确定固定资产的预计净残值。固定资产的预计净残值一经确定，不得变更。

"累计折旧"账户可按"房屋及建筑物""机器设备""运输设备""办公设备""电子设备"等进行明细核算。

2. 一般折旧方法

固定资产一般折旧方法，如年限平均法。

年限平均法又称直线法，是将固定资产的应计折旧额在固定资产使用寿命内平均分摊到各期的一种方法。采用这种方法各期计算的折旧额相等。年限平均法的计算公式如下：

年折旧率 ＝（1－预计净残值率）÷预计使用年限×100％

月折旧率 ＝ 年折旧率÷12

月折旧额 ＝ 固定资产原价×月折旧率

【例 5-8】 某企业有一台设备，原值为 96 000 000 元，预计可使用 10 年，按照有关规定，该设备报废时的净残值率为 1％。该设备的折旧率和折旧额计算如下：

年折旧率 ＝（1－1％）÷10×100％ ＝ 9.9％

月折旧率 ＝ 9.9％÷12 ＝ 0.825％

月折旧额 ＝ 96 000 000×0.825％ ＝ 792 000（元）

3. 加速折旧法

《企业所得税法》规定，企业的固定资产由于技术进步等原因，确需加速折旧的，可以缩短折旧年限或者采取加速折旧的方法。如财政部、国家税务总局公告 2019 年第 66 号公告规定，自 2019 年 1 月 1 日起，适用《财政部 国家税务总局关于完善固定资产加速折旧企业所得税政策的通知》（财税〔2014〕75 号）和《财政部　国家税务总局关于进一步完善固定资产加速折旧企业所得税政策的通知》（财税〔2015〕106 号）规定固定资产加速折旧优惠的行业范围，扩大至全部制造业领域。

加速折旧的方法有双倍余额递减法、年数总和法。

（1）双倍余额递减法是指在不考虑固定资产预计净残值的情况下，根据每期期初固定资产原价减去累计折旧后的金额和双倍的直线法折旧率计算固定资产折旧的一种方法。计算公式如下：

年折旧率 = 2 ÷ 预计使用年限 × 100%

月折旧率 = 年折旧率 ÷ 12

月折旧额 = 每月月初固定资产账面净值 × 月折旧率

【例 5-9】 亨利制造厂购入一台设备，原值为 6 000 000 元，预计使用年限为 5 年，预计净残值 5 000 元，采用双倍余额递减法计提折旧。

年折旧率 = 2 ÷ 5 × 100% = 40%

第一年折旧额 = 6 000 000 × 40% = 2 400 000(元)

第二年折旧额 = (6 000 000 − 2 400 000) × 40% = 1 440 000(元)

第三年折旧额 = (6 000 000 − 2 400 000 − 1 440 000) × 40% = 864 000(元)

第四年折旧额 = (6 000 000 − 2 400 000 − 1 440 000 − 864 000 − 5 000) ÷ 2 = 645 500(元)

第五年折旧额 = (6 000 000 − 2 400 000 − 1 440 000 − 864 000 − 5 000) ÷ 2 = 645 500(元)

注意：为简化计算，每年各月折旧额可根据年折旧额除以 12 个月计算。

（2）年数总和法又称年限合计法，是指将固定资产的原值减去预计净残值后的余额，乘以一个以固定资产尚可使用寿命为分子、以预计使用寿命逐年数字之和为分母的逐年递减的分式计算每年的折旧额。计算公式如下：

年折旧率 = 尚可使用年限 ÷ 预计使用寿命的年数总和 × 100%

月折旧率 = 年折旧率 ÷ 12

月折旧额 = (固定资产原价 − 预计净残值) × 月折旧率

【例 5-10】 集岭制造有限公司一项机器设备原值为 1 000 000 元，预计使用年限为 4 年，预计净残值 4 000 元，采用年数总和法计提折旧。

第一年折旧额 = (1 000 000 − 4 000) × 4 ÷ 10 = 398 400(元)

第二年折旧额 = (1 000 000 − 4 000) × 3 ÷ 10 = 298 800(元)

第三年折旧额 = (1 000 000 − 4 000) × 2 ÷ 10 = 199 200(元)

第四年折旧额 = (1 000 000 − 4 000) × 1 ÷ 10 = 99 600(元)

固定资产按月计提折旧，企业通过编制“固定资产折旧计算表”作为固定资产折旧账务处理的依据，每月计提折旧时，可以在上月计提的折旧额的基础上，根据上月固定资产的增减变动情况调整计算出当月应计提的折旧额，计算方法如下：

当月应计提折旧额＝上月计提的折旧额＋上月增加固定资产应计提的折旧额－上月减少固定资产应计提的折旧额

每月计提的折旧额应按固定资产用途计入相关资产的成本或者当期损益费用。

固定资产应当按月计提折旧，计提的折旧应通过“累计折旧”科目核算，并根据用途计入相关资产的成本或者当期损益，见表 5-12。

表 5-12　固定资产折旧

形　　式	计入科目
企业自行建造固定资产过程中使用的固定资产	计提的折旧计入在建工程成本
基本生产车间	计提的折旧应计入制造费用
管理部门	计提的折旧应计入管理费用
销售部门	计提的折旧应计入销售费用
经营租出的固定资产	计提的折旧应计入其他业务成本

【例 5-11】　新城制药有限公司 2×21 年 3 月 31 日编制的固定资产折旧计算表，见表 5-13。

表 5-13　固定资产折旧计算表

使用部门	上月折旧额	上月增加固定资产应提折旧额	上月减少固定资产应提折旧额	本月折旧额
生产部门	26 800	32 500	28 000	31 300
行政管理部门	45 000	18 200	8 400	54 800
销售部门	52 000	13 000	9 600	55 400
合计	123 800	63 700	46 000	141 500

借：生产成本——车间　　31 300

　　管理费用　　54 800

　　销售费用　　55 400

　　贷：累计折旧　　141 500

登记会计凭证，见表 5-14。

表 5-14　转账凭证

2×21 年 3 月 31 日　　　　　　　　　　转字第 011 号

摘要	会计科目	借方金额										贷方金额										记账
		千	百	十	万	千	百	十	元	角	分	千	百	十	万	千	百	十	元	角	分	
计提各部门折旧费用	生产成本				3	1	3	0	0	0	0											√
	管理费用				5	4	8	0	0	0	0											√
	销售费用				5	5	4	0	0	0	0											√
	累计折旧													1	4	1	5	0	0	0	0	√
合计			¥	1	4	1	5	0	0	0	0		¥	1	4	1	5	0	0	0	0	

会计主管：××　　记账：××　　出纳：××　　审核：××　　填制：××

根据会计凭证，登记账簿，见表 5-15。

表 5-15　明细分类簿

会计科目：累计折旧

编　　号：1602

2×21 年		凭证科目代码	摘要	借方												贷方												余额												
1 月	日			十	万	千	百	十	万	千	百	十	元	角	分	十	万	千	百	十	万	千	百	十	元	角	分		十	万	千	百	十	万	千	百	十	元	角	分
3	1		期初余额																									贷					2	0	0	4	0	0	0	0
3	31	转字第 011 号	计提折旧																	1	4	1	5	0	0	0	0	贷					3	4	1	9	0	0	0	0
3	31		本月合计																	1	4	1	5	0	0	0	0	贷					3	4	1	9	0	0	0	0

5.4.3　固定资产减值的核算

资产负债表日，固定资产可收回金额低于其账面价值的，企业应将该固定资产的账面价值减记至可收回金额，同时确认为资产减值损失，计提固定资产减值准备。固定资产减值损失一经确认，在以后会计期间不得转回。借记“资产减值损失——计提的固定资产减值准备”，贷记“固定资产减值准备”。

账面净值＝固定资产的折余价值＝固定资产原价－计提的累计折旧

账面价值＝固定资产的账面原价－计提的累计折旧－计提的减值准备

【例 5-12】　恒昌设备有限公司 2×19 年 12 月购入甲设备价值 4 000 000 元，

预计使用 10 年，预计净残值 5 000 元，采用年限平均法计提折旧。2×21 年末清查时发现，该设备市价大幅度下跌且近期内无望恢复。经计算该设备可回收金额为 2 000 000 元，此前未计提过减值准备，固定资产减值申请单见表 5-16。

已计提折旧额 = (4 000 000 − 5 000) ÷ 10 × 2 = 799 000(元)

2×21 年末应计提固定资产减值准备 = (4 000 000−799 000)−2 000 000 = 1 201 000(元)

借：资产减值损失——固定资产减值损失　　　　1 201 000

　　贷：固定资产减值准备　　　　　　　　　　　1 201 000

表 5-16　固定资产减值申请单　　　　单位：元

申请部门	生产部门	申 请 人	许军	申请日期	2×21 年 12 月
资产名称	甲设备		资产编号	XXT5432	
资产原值：4 000 000 元　资产净值：3 201 000 元　购买日期：2×19 年 12 月 资产残值：5 000　账面尚可使用寿命：8 年					
减损原因	由于新技术的运用，导致该项固定资产减值		账面价值	4 000 000 元	
处理办法	计提减值损失 1 201 000 元				
总经理：王明	财务部：张旭		部门负责人：贾宁		

自 2×22 年起，每年计提折旧额应调整为（2 000 000 − 5 000）÷ 8 = 249 375（元）。

5.4.4　固定资产的处置

固定资产处置，通常就是指企业固定资产的出售和对报废、毁损固定资产的处理。此外，企业因对外投资、非货币性资产交换、债务重组等原因转出固定资产，也属于固定资产处置。

企业对出售、报废或毁损的固定资产，应设置“固定资产清理”账户进行核算。出售、报废和毁损固定资产所得净收益，应计入营业外收入（“非流动资产处置利得”项目），如为净损失应计入营业外支出（属于正常的处理损失，计入“非流动资产处置损失”项目）。如果企业在筹建期间发生出售、报废和毁损固定资产处置业务，其净损益应计入或冲减管理费用。

固定资产清理的账务处理，见表 5-17。

表 5-17　固定资产清理的账务处理

业务情景	账务处理
固定资产转入清理的账务处理	借：固定资产清理 　　累计折旧 　　固定资产减值准备 　　贷：固定资产
支付清理费用的账务处理	借：固定资产清理 　　贷：银行存款
销售并计提增值税（简易计税）	借：银行存款 　　贷：固定资产清理 　　　　应交税费——简易计税
销售并计提增值税（一般计税）	借：银行存款/应收账款 　　贷：固定资产清理 　　　　应交税费——应交增值税（销项税额）
计提增值税附加	借：固定资产清理 　　贷：应交税费——附加税费
若是符合简易计税，企业减按 2%征收增值税，1%减免部分的账务处理	借：应交税费——简易计税 　　贷：营业外收入——减免税费
企业处置固定资产缴纳印花税的账务处理	借：固定资产清理 　　贷：应交税费——印花税
固定资产清理结果转入损益	借：固定资产清理 　　贷：资产处置损益

【例 5-13】　2×21 年 1 月 1 日，恒昌制造有限公司出售一辆旧汽车，原值为 1 200 000 元，已计提折旧 700 000 元，转入清理。

（1）经批准报废清理时，登记会计凭证，见表 5-18。

借：固定资产清理　　　　　　　　500 000

　　累计折旧　　　　　　　　　　700 000

　　贷：固定资产　　　　　　　　　1 200 000

表 5-18　记账凭证

2×21 年 1 月 1 日　　　　　　　　　　　　字第 01 号

摘要	会计科目	借方金额										贷方金额										记账
		千	百	十	万	千	百	十	元	角	分	千	百	十	万	千	百	十	元	角	分	
2×21 年 1 月 1 日，结转固定资产清理费用	固定资产清理			5	0	0	0	0	0	0	0											✓
	累计折旧			7	0	0	0	0	0	0	0											✓
	固定资产												1	2	0	0	0	0	0	0	0	✓
合计		¥	1	2	0	0	0	0	0	0	0	¥	1	2	0	0	0	0	0	0	0	

会计主管：××　　记账：××　　出纳：××　　审核：××　　填制：××

(2) 以银行存款支付清理费 2 000 元。登记会计凭证，见表 5-19。

借：固定资产清理　　　　　　　　　　　　2 000

　　贷：银行存款　　　　　　　　　　　　　　2 000

表 5-19　记账凭证

2×21 年 1 月 1 日　　　　　　　　　　　　　　　　字第 02 号

摘要	会计科目	借方金额										贷方金额										记账
		千	百	十	万	千	百	十	元	角	分	千	百	十	万	千	百	十	元	角	分	
2×21 年 1 月 1 日，以银行存款支付清理费用	固定资产清理					2	0	0	0	0	0											√
	银行存款															2	0	0	0	0	0	√
合计					¥	2	0	0	0	0	0				¥	2	0	0	0	0	0	

会计主管：××　　记账：××　　出纳：××　　审核：××　　填制：××

(3) 销售旧汽车按照简易办法依征税率 3%减按 2%征收增值税，应缴增值税 = (500 000 − 2 000) ÷ (1 + 3%) × 2% = 9 669.90(元)

登记会计凭证，见表 5-20。

借：应收账款　　　　　　　　　　　　498 000

　　贷：固定资产清理　　　　　　　　　　488 330.10

　　　　应交税费——简易计税　　　　　　　　9 669.90

表 5-20　记账凭证

2×21 年 1 月 4 日　　　　　　　　　　　　　　　　字第 03 号

摘要	会计科目	借方金额										贷方金额										记账
		千	百	十	万	千	百	十	元	角	分	千	百	十	万	千	百	十	元	角	分	
2×21 年 1 月 4 日，计提简易计税	银行存款			4	9	8	0	0	0	0	0											√
	固定资产清理													4	8	8	3	3	0	1	0	√
	应交税费简易计税															9	6	6	9	9	0	√
合计			¥	4	9	8	0	0	0	0	0		¥	4	9	8	0	0	0	0	0	

会计主管：××　　记账：××　　出纳：××　　审核：××　　填制：××

计提增值税附加费，城市维护建设税 7%，教育费附加 3%。登记会计凭证，见表 5-21。

增值税附加税＝9 669.90×10%＝9 66.99(元)

借：固定资产清理　　　　　　　　　　　　　9 66.99

　　贷：应交税费——城市维护建设税　　　　　　　676.89

　　　　　　　　教育费附加　　　　　　　　　　290.10

表 5-21　记账凭证

2×21 年 1 月 4 日　　　　　　　　　　　　　　　　　　　　　　　字第 04 号

摘要	会计科目	借方金额										贷方金额										记账
		千	百	十	万	千	百	十	元	角	分	千	百	十	万	千	百	十	元	角	分	
2×21 年 1 月 4 日，计提增值税附加税	固定资产清理						9	6	6	9	9											✓
	应交税费——城市维护建设税																6	7	6	8	9	✓
	应交税费——教育费附加																2	9	0	1	0	✓
合计						¥	9	6	6	9	9					¥	9	6	6	9	9	

会计主管：××　　记账：××　　出纳：××　　审核：××　　填制：××

固定资产清理 12 702.91 元（500 000＋2 000－488 330.10－966.99）转入损益，登记记账凭证见表 5-22。

借：固定资产清理　　　　　　　　　　　　12 702.91

　　贷：营业外收入——资产处置收益　　　　　　12 702.91

表 5-22　记账凭证

2×21 年 1 月 4 日　　　　　　　　　　　　　　　　　　　　　　　字第 05 号

摘要	会计科目	借方金额										贷方金额										记账
		千	百	十	万	千	百	十	元	角	分	千	百	十	万	千	百	十	元	角	分	
2×21 年 1 月 4 日，转入损益	固定资产清理				1	2	7	0	2	9	1											✓
	营业外收入一资产处置收益														1	2	7	0	2	9	1	✓
合计				¥	1	2	7	0	2	9	1			¥	1	2	7	0	2	9	1	

会计主管：××　　记账：××　　出纳：××　　审核：××　　填制：××

根据会计凭证，登记账簿，见表 5-23。

表 5-23 明细分类簿

会计科目：固定资产清理

编　　号：1606

2×21 年		凭证科目代码	摘要	对方科目	借方										贷方										借或贷	余额									
月	日				千	百	十	万	千	百	十	元	角	分	千	百	十	万	千	百	十	元	角	分		千	百	十	万	千	百	十	元	角	分
1	1	字第01号	结转固定资产清理	固定资产			5	0	0	0	0	0	0	0											借			5	0	0	0	0	0	0	0
1	1	字第02号	支付清理费用	银行存款					2	0	0	0	0	0											借			5	0	2	0	0	0	0	0
1	4	字第03号	结转时	应收账款													4	8	8	3	3	0	1	0	贷				1	1	6	6	9	9	0
1	4	字第04号	计提附加税	应交税费						9	6	6	9	0											借				1	2	6	3	6	8	9
1	4	字第05号	转清理净收益	资产处置收益				1	2	7	0	2	9	1											借				2	5	3	3	9	8	0

5.5 无形资产摊销与处置

无形资产摊销采用年限平均法，无形资产处置时取得的价款与该资产账面价值的差额作为资产处置利得或损失（资产处置损益）。

5.5.1 无形资产摊销的方法

企业应当按月对无形资产进行摊销，无形资产的摊销额一般应当计入当期损益。企业自用的无形资产，其摊销金额计入管理费用，出租的无形资产，其摊销金额计入其他业务成本，某项无形资产包含的经济利益通过所生产的产品或其他资产实现的，其摊销金额应当计入相关资产成本。

账面净值＝账面余额－累计摊销

无形资产摊销时

借：制造费用(用于特定产品生产)

　　管理费用(自用的一般无形资产)

　　其他业务成本(出租的无形资产)

　贷：累计摊销

【例 5-14】 2×21 年 1 月 26 日，新星软件有限公司从其他公司购入一项商标权，以银行存款支付买价和有关费用合计 560 800 元。估计该项商标权的使用寿命为 10 年。假定这项无形资产的净残值为零，并按直线法摊销。

假定按年进行摊销时：

借：管理费用——摊销　　　　56 080

　贷：累计摊销　　　　　　　　56 080

根据上述业务，登记会计凭证，见表 5-24。

表 5-24　转账凭证

附件：××张

2×21 年 1 月 31 日　　　　转字第 020 号

摘要	一级科目	二级或明细科目	账页	借方金额									贷方金额									记账
				百	十	万	千	百	十	元	角	分	百	十	万	千	百	十	元	角	分	
计提商标权摊销	管理费用	摊销				5	6	0	8	0	0	0										✓
	累计摊销														5	6	0	8	0	0	0	✓
合计			¥		¥	5	6	0	8	0	0	0		¥	5	6	0	8	0	0	0	

会计主管：××　　记账：××　　出纳：××　　审核：××　　填制：××

根据会计凭证，登记账簿，见表 5-25。

表 5-25　明细分类簿

会计科目：累计摊销

编　　号：1702

2×21 年		凭证科目代码	摘要	对方科目	借方										贷方										借或贷	余额									
月	日				千	百	十	万	千	百	十	元	角	分	千	百	十	万	千	百	十	元	角	分		千	百	十	万	千	百	十	元	角	分
1	31	转字第020号	计提商标权摊销	管理费用														5	6	0	8	0	0	0	贷				5	6	0	8	0	0	0

5.5.2　无形资产的处置

企业出售无形资产，应将所得价款与该项无形资产的账面价值之间的差额，计入当期损益（营业外收入或营业外支出）。

无形资产处理时

借：银行存款

　　累计摊销

　　无形资产减值准备

　　营业外支出——非流动资产处置利损失

　贷：无形资产

　　　应交税费——应交增值税(销项税额)

　　　营业外收入——非流动资产处置利得

　　　资产处置损益(或借)

【例 5-15】　新星软件有限公司拥有 HX 专利技术，根据市场调查，用其生产的产品已没有市场，决定应予转销。转销时，该项专利技术的账面余额为 698 400 元，摊销期限为 10 年，采用直线法进行摊销，已累计摊销 449 800 元。假定该项专利权的残值为零，已累计计提的减值准备为 65 000 元，假定不考虑其他相关因素。

借：累计摊销　　　　　　　　　　　　　　449 800

　　无形资产减值准备　　　　　　　　　　　65 000

　　营业外支出——处置非流动资产损失　　　183 600

　贷：无形资产——专利权　　　　　　　　　　　698 400

根据上述业务，登记会计凭证，见表 5-26。

表 5-26　转账凭证　　　　附件：××张

2×21 年 2 月 16 日　　　　转字第 023 号

摘要	一级科目	二级或明细科目	账页	借方金额									贷方金额									记账
				百	十	万	千	百	十	元	角	分	百	十	万	千	百	十	元	角	分	
转销无形资产账面价值	累计摊销				4	4	9	8	0	0	0	0										✓
	无形资产减值准备					6	5	0	0	0	0	0										✓
	营业外支出	处置非流动性资产损失				1	8	3	6	0	0	0										✓

续上表

摘要	一级科目	二级或明细科目	账页	借方金额									贷方金额									记账
				百	十	万	千	百	十	元	角	分	百	十	万	千	百	十	元	角	分	
	无形资产	专利权												6	9	8	4	0	0	0	0	✓
合计				¥	6	9	8	4	0	0	0	0	¥	6	9	8	4	0	0	0	0	

会计主管：××　　记账：××　　出纳：××　　审核：××　　填制：××

根据会计凭证，登记账簿，见表 5-27。

表 5-27　明细分类簿

会计科目：无形资产

编　　号：1701

2×21 年		凭证科目代码	摘要	对方科目	借方										贷方										借或贷	余额									
月	日				千	百	十	万	千	百	十	元	角	分	千	百	十	万	千	百	十	元	角	分		千	百	十	万	千	百	十	元	角	分
2	16	转字第023号	转销无形资产	累计摊销等													6	9	8	4	0	0	0	0	贷			6	9	8	4	0	0	0	0

5.6　坏账损失的核算

一般企业坏账准备的计提范围是：应收票据、应收账款、预付账款、其他应收款、长期应收款等应收款项。对坏账损失的核算，采用备抵法。在备抵法下，企业每期末要估计坏账损失。

5.6.1　坏账损失确认的条件

根据《企业所得税税前扣除管理办法》（国税发〔2000〕84 号）第四十七条的规定：纳税人符合下列条件之一的应收账款，应作为坏账处理：

(1) 债务人被依法宣告破产、撤销，其剩余财产确实不足清偿的应收账款；

(2) 债务人死亡或依法被宣告死亡、失踪，其财产或遗产确实不足清偿的应收账款；

（3）债务人遭受重大自然灾害或意外事故，损失巨大，以其财产（包括保险赔款等）确实无法清偿的应收账款；

（4）债务人逾期未履行偿债义务，经法院裁决，确实无法清偿的应收账款；

（5）逾期 3 年以上仍未收回的应收账款；

（6）经国家税务总局批准核销的应收账款。

下列各种情况一般不能全额计提坏账准备：

（1）当年发生的应收款项；计划对应收款项进行重组；

（2）与关联方发生的应收款项；其他已逾期，但无确凿证据证明不能收回的应收款项。

5.6.2 坏账损失的会计处理

坏账准备可按以下公式计算：

当期应计提的坏账准备＝当期按应收款项计算应提坏账准备金额－(或＋)“坏账准备”科目的贷方(或借方)余额

（1）发生坏账损失时，账务处理如下：

补提坏账准备时

借：信用减值损失——计提的坏账准备
　贷：坏账准备

冲销坏账准备时

借：坏账准备
　贷：信用减值损失——计提的坏账准备

（2）补提与冲销坏账时，账务处理如下：

发生坏账损失时

借：坏账准备
　贷：应收账款

已确认坏账又收回时

借：应收账款
　贷：坏账准备
借：银行存款
　贷：应收账款

5.6.3 坏账准备计提方法

坏账准备科目是资产类科目中的备抵科目，核算企业应收款项的坏账准备。坏账准备科目可按应收款项的类别进行明细核算。本科目期末贷方余额，反映企业已计提但尚未转销的坏账准备。

估计坏账损失有四种方法，即余额百分比法、账龄分析法、销货百分比法和个别认定法。

1. 余额百分比法

余额百分比法是根据会计期末应收账款的余额乘以估计的坏账准备率，即为当期应估计的坏账损失，据此提取坏账准备。估计坏账率可以按照以往的数据资料加以确定，也可以根据规定的百分比确定。在会计期末，企业应计提的坏账准备大于其账面余额的，按其差额冲回坏账准备。

余额百分比法计算公式：

当期应提取的坏账准备数额＝当期期末应收款项余额×估计坏账率

以后各期提取坏账准备时，可按下列公式计算：

当期应提取的坏账准备数额 ＝ 当期期末应收款项余额 × 估计坏账率 －“坏账准备”账户贷方余额(或＋“坏账准备”账户借方余额)

【例 5-16】 康仁电子有限公司 2×19 年年末应收账款的余额为 1 550 000 元，提取坏账准备的比率为 5‰；2×20 年发生坏账损失 8 700 元，其中 A 单位 4 400元，B 单位 4 300 元，期末应收账款余额为 2 240 000 元。

(1) 2×19 年提取坏账准备，见表 4-12。

借：信用减值损失——计提的坏账准备 (1 550 000 × 5‰)7 750

　　贷：坏账准备　　7 750

(2) 2×20 年发生坏账时。

借：坏账准备　　8 700

　　贷：应收账款——A 单位　　4 400

　　　　　　　　——B 单位　　4 300

2×20 年年末按应收账款的余额计算提取坏账准备。

“坏账准备”科目余额 ＝ 7 750 － 8 700 ＝－ 950(元)

当年应提的坏账准备 ＝ 2 240 000 × 5‰ － (－ 950) ＝ 12 150(元)

借：信用减值损失——计提的坏账准备　　12 150

　　贷：坏账准备　　12 150

2. 账龄分析法

账龄分析法是根据应收账款入账时间的长短来估计坏账损失的方法。虽然应收账款能否收回不一定完全取决于时间的长短，但一般来说，账款拖欠时间越长，发生坏账的可能就越大。

【例 5-17】 2×21 年 12 月 31 日，康仁电子有限公司应收账款账龄及估计坏账损失见表 5-28。

表 5-28 应收账款账龄及估计坏账损失表

应收账款账龄	应收账款金额（元）	估计损失（%）	估计损失金额（元）
未到期	44 000	0.5	220
过期 3 个月以下	23 000	1	230
过期 3～6 个月	38 000	2	760
过期 6～12 个月	56 000	3	1 680
过期 1 年以上	10 000	5	500
合计	171 000	—	3 390

假设调整前“坏账准备”的账面余额为贷方 1 520 元，则调整金额为 3 390－1 520＝1 870（元）。

借：信用减值损失——计提的坏账准备　　1 870

　　贷：坏账准备　　1 870

假设调整前“坏账准备”的账面余额为借方 740 元，则调整金额为 3 390＋740＝4 130（元）。

借：信用减值损失——计提的坏账准备　　4 130

　　贷：坏账准备　　4 130

3. 销货百分比法

销货百分比法是根据赊销金额的一定比例估计坏账损失的方法。采用销货百分比法时，可能由于企业的经营状况不断地变化而不相适应，因此应当按照企业的实际情况及时地调节百分比。

【例 5-18】 假设康仁电子有限公司 2016 年全年赊销金额为 6 450 000 元，根据以往资料和经验，估计坏账准备损失率为 2%，假设本年末提取坏账准备余额为 0 元。

年末估计坏账损失为：6 450 000×2%＝129 000（元）

借：信用减值损失——计提的坏账准备　　　　　　129 000

　　贷：坏账准备　　　　　　　　　　　　　　　　129 000

4. 个别认定法

个别认定法是指根据单笔应收款项的可回收性估计坏账准备的方法，如果某项应收款项的可回收性和其他各项应收款项有明显差别（如债务单位所处的特定地区等），导致该项应收账款如果按照其他各项应收账款同样的方法计提坏账准备，将无法准确反映其可回收金额，则可对该项应收款项采用个别认定法计提坏账准备。

5.7 职工薪酬的核算

职工薪酬，是指企业为获得职工提供的服务或解除劳动关系而给予的各种形式的报酬或补偿。职工薪酬包括短期薪酬、离职后福利、辞退福利和其他长期职工福利。企业提供给职工配偶、子女、受赡养人、已故员工遗属及其他受益人等的福利，也属于职工薪酬。职工薪酬核算内容如下：

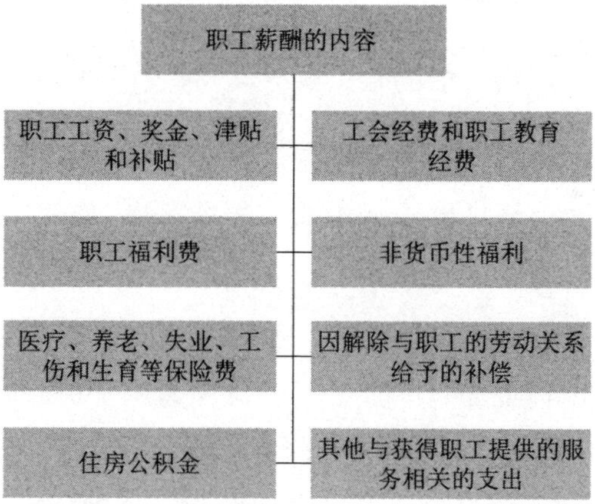

5.7.1 工资支付原始凭证

职工工资原始凭证如下。

（1）考勤记录。考勤记录是登记出勤和缺勤时间的原始记录。

（2）工时记录。工时记录是登记产品生产工人或生产小组在出勤时间内工作时数的原始凭证。

(3) 产量记录是登记产品生产工人或生产小组在出勤时间内完成产品的、质量的原始记录。

(4) 工资单(又称工资结算单、工资表、工资计算表等)是根据考勤记录、工时记录、产量记录编制,据以向每个职工发工资和津贴的原始记录。

(5) 工资汇总表是根据工资单汇总编制,据以提供企业各部门工资类别并作为发放工资、进行工资分配提供资料的原始记录。

5.7.2 工资总额构成

根据《关于工资总额组成的规定》,工资总额由计时工资、计件工资、奖金、津贴和补贴、加班加点工资以及特殊情况下支付的工资组成。

1. 计时工资

通常来讲,由于计算时采用的时间单位不同,计时工资可分为三种具体形式:小时工资制、日工作制以及月工资制。

计时工资的计算公式如下:

计时工资 =(岗位工资 ÷ 月平均天数)× 出勤天数

应付计时工资= 月标准工资 - 日工资额 × 缺勤天数

其中,月标准工资可以根据工资卡片的记录取得,缺勤记录可以根据考勤记录取得,日工资率的计算方法有如下两种。

按照《中华人民共和国劳动法》第五十一条的规定,法定节假日用人单位应当依法支付工资,即折算日工资、小时工资时,不剔除国家规定的 11 天法定节假日。据此,日工资、小时工资的折算为:

日工资 = 月工资收入 ÷ 月计薪天数

小时工资 = 月工资收入 ÷(月计薪天数 × 8 小时)

月计薪天数 = (365 - 104) ÷ 12 = 21.75(天)

当月工资=月工资÷21.75×出勤天数(如果本月有法定节假日的,视为出勤),如果有加班的,加班费单独计算。

加班费计算公式:

工作日加班费 = 月工资 ÷ 21.75 × 加班天数 × 1.5 倍

双休日加班费 = 月工资 ÷ 21.75 × 加班天数 × 2 倍

法定节假日加班费 = 月工资 ÷ 21.75 × 加班天数 × 3 倍

月固定按 30 天计算，日工资率为每月标准工资除以 30 天，即：

日工资率 = 月标准工资 ÷ 30

采用这种方法计算日工资率时，缺勤期间的节假日也视为缺勤，照样要扣工资。

目前一些实行 6 天工作制的企业，不使用 21.75 天计算月薪，而是直接用实际出勤天数进行计算。

采用这种方法计算日工资率时，缺勤期间的节假日、星期天不算缺勤，不扣工资。

2. 计件工资

所谓计件工资制，是按照工人生产的合格产品的数量或完成的一定作业量，根据一定的计件单价计算劳动报酬的一种工资形式。

一般来讲，计件工资是根据工长开具的施工任务完成单和工种综合单价，先计算出整个班组的劳动报酬，再根据职工个人工作时数计算出职工个人的劳动报酬。

计件工资的计算公式如下所示：

班组计件工资 = 班组实际完成合格工程量 × 计件单价

个人计件工资 = 该职工工作时数 ×（班组计件工资 ÷ 班组总工作时数）

事实上，在具体的应用中，计件工资还可以按完成定额工时乘以工时单价（经测算确定的小时工资率）计算。首先，计算月份内完成的各种产品的定额工时数，公式为：

完成定额工时数 = $\sum$（每种产品完成数量 × 该种产品单位定额工时）

其中，产品完成数包括合格产品数量和料废品数量。

其次，根据定额工时数和小时工资率计算应付计件工资，公式为：

应付计件工资 = 完成定额工时数 × 工时单价

（1）个人计件工资的计算。

例如，环宇制造有限公司员工小明本月生产 A、B 两种产品。A 产品完工验收合格品为 20 件，料废品为 2 件，工废品为 1 件，计件单价为 40 元；B 产品完工验收合格品为 40 件，料废品为 3 件，工废品为 2 件，计件单价为30 元。

小明本月计件工资 ＝（20 ＋ 2）× 40 ＋（40 ＋ 3）× 30 ＝ 880 ＋ 1 290 ＝ 2 170（元）

（2）小组计件工资的计算。

生产小组计算集体计件工资，应首先计算小组应得的计件工资总额，然后在小组各成员之间按照一定的分配标准进行分配。

例如，一车间生产小组本月共同完成某项订单，共得计件工资 7 200 元。根据考勤记录，甲员工作小时为 160 小时，乙员工工作时数为 200 小时，丙员工为 220 小时，丁员工为 140 小时。

工资分配率 ＝ 7 200 ÷（160 ＋ 200 ＋ 220 ＋ 140）＝ 10（元 / 时）

甲员工计时工资 ＝ 160 × 10 ＝ 1 600（元）

乙员工计时工资 ＝ 200 × 10 ＝ 2 000（元）

丙员工计时工资 ＝ 160 × 10 ＝ 1 600（元）

丁员工计时工资 ＝ 200 × 10 ＝ 2 000（元）

3. 奖金

奖金是指支付给职工的超额劳动报酬和增收节支的劳动报酬。包括：生产奖；节约奖；劳动竞赛奖；机关、事业单位的奖励工资；其他奖金。

4. 津贴和补贴

津贴和补贴是指为了补偿职工特殊或额外的劳动消耗和因其他特殊原因支付给职工的津贴，以及为了保证职工工资水平不受物价影响支付给职工的物价补贴。

（1）津贴。津贴包括：补偿职工特殊或额外劳动消耗的津贴，保健性津贴，技术性津贴，年功性津贴及其他津贴。

（2）物价补贴。物价补贴包括：为保证职工工资水平不受物价上涨或变动影响而支付的各种补贴。

5. 加班加点工资

加班加点工资是指按规定支付的加班工资和加点工资。

6. 特殊情况下支付的工资

特殊情况下支付的工资，包括：

（1）根据国家法律、法规和政策规定，因病、工伤、产假、计划生育假、婚丧假、事假、探亲假、定期休假、停工学习、执行国家或社会义务等原因按计时工资标准或计时工资标准的一定比例支付的工资。

（2）附加工资、保留工资。

工资的计算：

应付工资 = 计时工资 + 计件工资 + 奖金 + 工资性津贴

实发工资 = 应付工资 − 代扣款项合计

代扣款项包括“五险一金”或“三险一金”、企业年金、个人所得税、职工各种借款等。

5.7.3 发放工资的会计处理

企业发放工资、办理工资结算时通过编制“工资核算表”。在工资结算表中，要根据工资卡、考勤记录、产量记录及代扣款项等资料按人名填列“应付工资”“代扣款项”“实发金额”三大部分。一般情况下，工资结算表一般应编制一式三份：一份由劳动工资部门存查；一份裁成“工资条”，连同工资一起发给职工；一份在发放工资时由职工签章后交财会部门作为工资核算的凭证，并用以代替工资的明细核算。由于工资结算表是按各个车间、部门分别编制的，因此只能反映各个车间、部门工资结算和支付的情况。

为了核算应付给职工的各种薪酬，企业应设置“应付职工薪酬”科目。本科目应当按照“工资”“职工福利”“社会保险费”“非货币性福利”“住房公积金”“工会经费”“职工教育经费”“解除职工劳动关系补偿”等应付职工薪酬项目进行明细核算。

企业工资分配账务处理如下：

借：生产成本
　　制造费用
　　销售费用
　　在建工程
　　研发支出
　　管理费用
　　贷：应付职工薪酬——工资

企业进行工资分配时“应付职工薪酬——工资”科目月末有余额，贷方余额为累计应付未付工资，借方余额为累计多付工资。在企业各月工资总额相差不多的情况下，按照重要性要求，也可以按照当月实际支付的工资额进行分配，采用这种方法，“应付职工薪酬——工资”科目月末没有余额。

【例 5-19】 东城商贸有限公司 2×21 年 1 月工资结算表，见表 5-29。

表 5-29 工资结算汇总表

人员类别	计时工资	计件工资	奖金	津贴和补贴	加班加点工资	应发工资	代扣款项	代扣个人所得税	实发工资
生产工人	560 000	98 000	12 200	7 700	5 500	683 400	83 900	21 000	578 500
销售人员	740 000		15 400	9 700		765 100	43 580	24 200	697 320
管理人员	984 000		27 900	26 500	23 890	1 062 290	92 200	33 100	936 990
合计						2 510 790	219 680	78 300	2 212 810

根据工资结算业务，作会计分录如下：

(1) 本月分配工资 2 510 790 元。

借：生产成本　　683 400
　　销售费用　　765 100
　　管理费用　　1 062 290
　　贷：应付职工薪酬——工资　　2 510 790

(2) 通过银行转账方式，实际发放工资 2 212 810 元。

借：应付职工薪酬——工资　　2 212 810
　　贷：银行存款　　2 212 810

(3) 结转代扣款 219 680 元。

借：应付职工薪酬——工资　　219 680
　　贷：其他应付款　　219 680

(4) 结转代扣个人所得税 78 300 元。

借：应付职工薪酬——工资　　78 300
　　贷：应交税费——个人所得税　　78 300

月末，根据工资分配单，按照实发现数额

借：应付职工薪酬——工资
　　贷：银行存款

结转代扣款时

借：应付职工薪酬——工资
　　贷：其他应付款

结转代扣个人所得税时

借：应付职工薪酬——工资
　　贷：应交税费——个人所得税

5.7.4 应付社会保险费和住房公积金的会计处理

应由职工个人负担的社会保险费和住房公积金，属于职工工资的组成部分，要根据职工工资的一定比例计算，应由企业负担的社会保险费和住房公积金，应在职工为其提供服务的会计期间，根据职工工资的一定比例计算。账务处理如下：

应由职工个人负担的社会保险费和住房公积金

借：应付职工薪酬——工资

贷：其他应付款

应由企业负担的社会保险费和住房公积金

借：生产成本
　　制造费用
　　管理费用
　　销售费用
　　在建工程
　　研发支出
　贷：应付职工薪酬——社会保险费（住房公积金）

【例 5-20】 2×21 年 4 月，东城商贸有限公司本月向社会保险经办机构缴纳社会保险费与公积金共计 1 682 229.30 元，其中应由企业负担的金额为 1 124 833.92 元，个人负担的金额为 557 395.38 元。表 5-30 是该公司社会保险金和住房公积金计算表，会计分录如下：

表 5-30 社会保险金、住房公积金计算表

2×21 年 4 月

2×21 年 1 月	养老保险		医疗保险		失业保险		工伤保险		生育保险		住房公积金		合计
	比例	金额	比例	金额	比例	金额	比例	金额	比例	金额	比例	金额	
计算基数		2 510 790		2 510 790		2 510 790		2 510 790		2 510 790		2 510 790	
企业负担	20%	502 158	10%	251 079	1%	25 107.90	1%	25 107.90	0.8%	20 086.32	12%	301 294.80	1 124 833.92
个人负担	8%	200 863.20	2%	50 215.80	0.2%	5 021.58	0	0	0%	0	12%	301 294.80	557 395.38

借：管理费用　　1 124 833.92
　　其他应收款　　557 395.38
　贷：应付职工薪酬——社会保险费（社会保险费、公积金）
　　　　1 682 229.30

5.7.5 企业年金的会计处理

根据《企业年金基金管理办法》，企业年金是企业及其职工在依法参加基本养老保险的基础上，自愿建立的补充养老保险制度，而企业年金基金是指根据依法制定的企业年金计划筹集的资金及其投资运营收益形成的企业补充养老保险基金。

一般而言，企业年金基金由企业缴费、职工个人缴费和企业年金基金投资运营收益三部分组成。

企业年金实行完全积累，为每个参加企业年金的职工建立企业年金个人账户。职工企业年金个人账户下设企业缴费子账户和个人缴费子账户，分别记录企业缴费分配给个人的部分及其投资收益，以及本人缴费及其投资收益。企业年金基金按照国家有关规定进行投资运营，投资运营收益并入企业年金基金。

企业年金的提取方式有以下几种：

(1) 达到法定退休年龄，职工可一次或分期领取；

(2) 职工出国定居时，可一次性领取；

(3) 职工因病（残）丧失劳动能力，可申请一次性或分期领取；

(4) 在退休前死亡，继承人可申请一次性领取。

账务处理如下：

缴纳时

借：应付职工薪酬——企业年金(单位部分)
　　其他应收款——企业年金(个人部分)
　贷：银行存款

计提时

借：管理费用——企业年金(单位部分)
　贷：应付职工薪酬——企业年金(单位部分)

【例 5-21】 原乡商贸经营有限公司于 2×21 年 1 月与 100 名员工签署协议，办理企业年金。按规定，员工每月缴纳 300 元，企业为每位员工缴纳 400 元。会计处理如下：

企业计提时：400 × 100 = 40 000(元)

借：管理费用——企业年金（单位部分）　　40 000

　贷：应付职工薪酬——企业年金（单位部分）　　40 000

缴纳时：

借：应付职工薪酬——企业年金　　40 000

其他应收款——企业年金　　30 000

贷：银行存款　　70 000

5.7.6 应付工会经费和职工教育经费的计提与使用

工会经费是按照国家规定由企业负担的用于工会活动方面的经费（2%），根据《关于企业职工教育经费税前扣除政策的通知》(财税〔2018〕51号）规定，企业发生的职工教育经费支出，不超过工资薪金总额8%的部分，准予在计算企业所得税应纳税所得额时扣除；超过部分，准予在以后纳税年度结转扣除。提取的职工教育经费也是单位的一项流动负债。为了反映工会经费和职工教育经费的提取和使用情况，应在“应付职工薪酬”科目下设“工会经费”和“职工教育经费”明细科目。账务处理如下：

计提工会经费和教育经费时

借：生产成本

　　机械作业

　　管理费用

　　研发支出

　贷：应付职工薪酬——工会经费（或职工教育经费）

工会经费和教育经费的使用

借：应付职工薪酬——工会经费（或职工教育经费）

　贷：银行存款

【例5-22】 承上例，本月工会经费、职工教育经费见表5-31。

表5-31　工会经费、职工教育经费计算表

2×21年1月31日

项　　目	工会经费		职工教育经费		合　　计
	比例	金额	比例	金额	
计算基数	—	2 510 790	—	2 510 790	—
应付职工薪酬	2%	50 215.80	8%	200 863.20	251 079

借：管理费用　　251 079

贷：应付职工薪酬——工会经费　　50 215.80

——职工教育薪酬　　200 863.20

5.7.7 非货币性职工薪酬的核算

非货币性职工薪酬是指企业以非货币性资产支付给职工的薪酬，主要包括企业以自产产品发放给职工作为福利以及将企业拥有的资产无偿提供给职工使用、为职工无偿提供医疗保健服务等。

（1）企业以其自产产品作为非货币性福利发放给职工的，应当根据受益对象，按照该产品的公允价值，计入相关资产成本或当期损益，同时确认应付职工薪酬。

计提时

借：管理费用等
　　贷：应付职工薪酬——非货币性福利

发放时

借：应付职工薪酬——非货币性福利
　　贷：主营业务收入
　　　　应交税费——应交增值税（销项税额）

结转成本时

借：主营业务成本
　　存货跌价准备
　　贷：库存商品

（2）企业将拥有的房屋等资产无偿提供给职工使用的，应当根据受益对象，将该住房每期应计提的折旧计入相关资产成本或当期损益，同时确认应付职工薪酬。租赁住房等资产供职工无偿使用的，应当根据受益对象，将每期应付的租金计入相关资产成本或当期损益，并确认应付职工薪酬。基本账务处理如下：

计提时

借：管理费用/生产成本/制造费用等
　　贷：应付职工薪酬——非货币性福利

实际支付时

借：应付职工薪酬——非货币性福利
　　贷：银行存款

【例 5-23】 宏大制造有限公司采购 100 台加湿器，每台不含税价 140 元，增值税额 18.20 元。这批加湿器作为“三八”妇女节的礼物，分给女职工使用，以银行存款支付。

① 确认非货币性福利 (140＋18.20)×100＝15 820（元）。

借：库存商品——加湿器　　　　15 820
　　贷：应付职工薪酬——非货币性福利　　　　15 820

② 支付货款。

借：应付职工薪酬——非货币性福利　　　　15 820
　　贷：银行存款　　　　15 820

（3）企业在职工劳动合同到期之前解除与职工的劳动关系，或者为鼓励职工自愿接受裁减而提出给予补偿的建议，同时满足下列条件的，应当确认因解除与职工的劳动关系给予补偿而产生的应付职工薪酬，同时计入当期损益。

①企业已制定正式的解除劳动关系计划或提出自愿裁减建议，并即将实施。该计划或建议应当包括拟解除劳动关系或裁减的职工所在部门、职位及数量；根据有关规定按工作类别或职位确定的解除劳动关系或裁减补偿金额；拟解除劳动关系或裁减的时间。

②企业不能单方面撤回解除劳动关系计划或裁减建议。为了反映解除劳动关系补偿的提取和支付情况，应在“应付职工薪酬”科目下设置“辞退福利”明细科目。

由于被辞退职工不能再给企业带来任何经济利益，辞退福利应当计入当期费用而不是资产成本。借记“管理费用”科目，贷记“应付职工薪酬——辞退福利”科目。账务处理如下：

计提时

借：管理费用
　贷：应付职工薪酬——辞退福利

实际支付时

借：应付职工薪酬——辞退福利
　贷：银行存款/库存现金

第 6 章　收入的核算

《企业会计准则第 14 号——收入》(财会〔2017〕22 号)(以下简称“新收入准则”)规定，所有企业都要于 2021 年 1 月执行。新收入准则对收入确认的核心原则是“控制权转移”(即在企业将商品或服务的控制权转移给客户的时点或过程中以其预计有权获得的金额予以确认)，并采用“五步法”模型确认收入。

6.1　新收入准则的核心要素

《企业会计准则第 14 号——收入》(财会〔2017〕22 号)规定，新收入准则适用于所有与客户之间的合同，但下列各项除外：

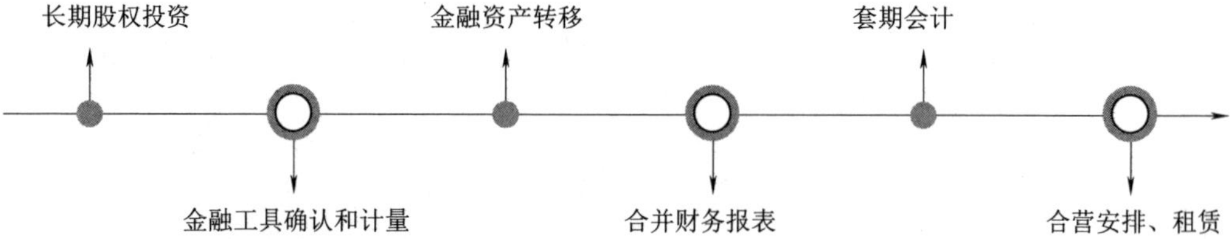

6.1.1　收入确认“五步法”模型

“五步法”模型如下：

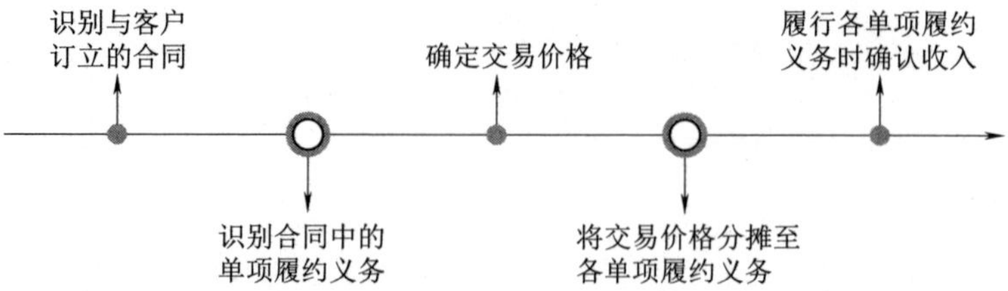

“五步法”包括收入的确认与计量：第一步、第二步和第五步与收入的确

认有关，第三步和第四步主要与收入的计量有关。其中，第一步、第二步需要财务人员根据业务的性质判断。

“新收入准则”引进合同与客户这两个名词：

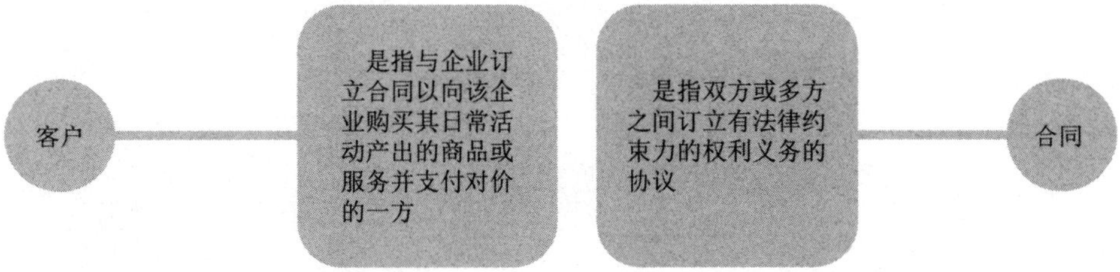

合同主要有以下三种形式：

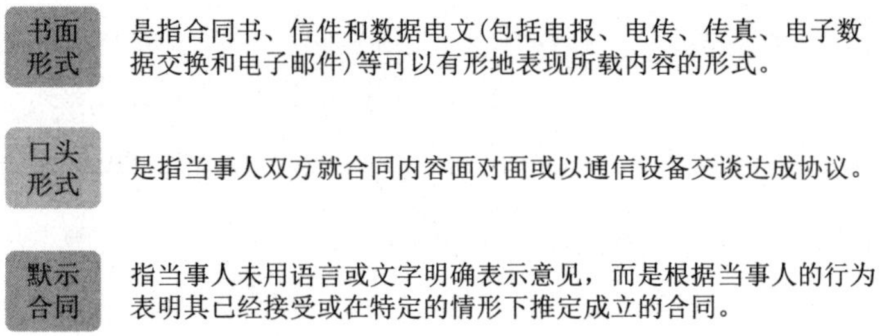

6.1.2 履约义务的识别

履约义务，指合同中企业向客户转让可明确区分商品的承诺。履约义务既包括合同中明确的承诺，也包括由于企业已公开宣布的政策、特定声明或以往的习惯做法等导致合同订立时客户合理预期企业将履行的承诺。企业为履行合同而应开展的初始活动，通常不构成履约义务，除非该活动向客户转让了承诺的商品。

企业应当将向客户转让商品的承诺作为单项履约义务，企业向客户转让一系列实质相同且转让模式相同的、可明确区分商品的承诺，也应当作为单项履约义务。

合同开始日，企业应当识别合同中所包含的各单项履约义务，并确定各单项履约义务是在某一时段内履行，还是在某一时点履行。然后，在履行了各单项履约义务时分别确认收入。

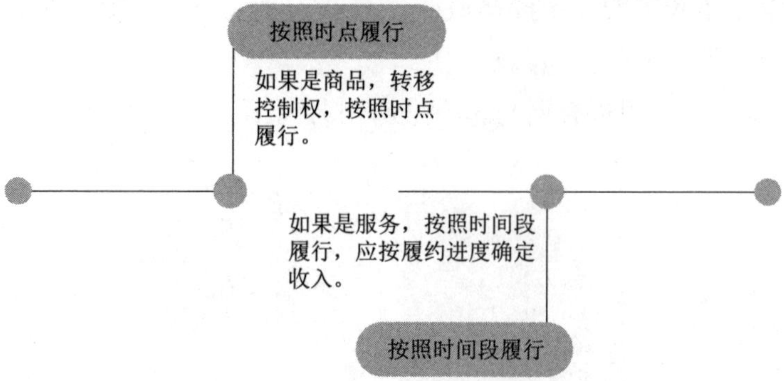

6.1.3 履约进度

新收入准则第十二条规定，对于在某一时段内履行的履约义务，企业应当在该段时间内按照履约进度确认收入，但是，履约进度不能合理确定的除外。企业应当考虑商品的性质，采用产出法或投入法或成本法确定恰当的履约进度。这几种方法适合建筑施工业、房地产业等需要几年才能完成的项目。

1. 产出法

产出法是根据已转移给客户的商品对于客户的价值确定履约进度的方法，通常可采用实际测量的完工进度、评估已实现的结果、已达到的里程碑、时间进度、已完工或交付的产品等产出指标确定履约进度。

企业在评估是否采用产出法确定履约进度时，应当考虑具体的事实和情况，并选择能够如实反映企业履约进度和向客户转移商品控制权的产出指标。当选择的产出指标无法计量控制权已转移给客户的商品时，不应采用产出法。例如，飞机制造厂生产客户预订的一款飞机，因为该飞机已属于客户，则在确定履约进度时不应使用已完工或已交付的产品作为产出指标，这是因为处于生产过程中的在产品的控制权也已经转移给了客户，而这些在产品并没有包括在产出指标的计量中。

【例 6-1】 恒水电视机有限公司与客户签订合同，为该客户生产 100 台电视机，合同价格为 40 万元（不含税价）。截至 2019 年 12 月 31 日，恒水电视机有限公司生产电视机 80 台，剩余部分预计在 2020 年 1 月 31 日之前完成。该合同仅包含一项履约义务，且该履约义务满足在某一时段内履行的条件。假定不考虑其他情况。

本例中，恒水电视机有限公司生产 100 台电视机属于在某一时段内履行的履约义务，恒水电视机有限公司按照已完成的工作量确定履约进度。因此，截至2019年12月31日，该合同的履约进度为80%(80÷100)，甲公司应确认的收入为32万元（40×80%）。

2. 投入法

投入法是根据企业履行履约义务的投入确定履约进度的方法，通常可采用投入的材料数量、花费的人工工时或机器工时、发生的成本和时间进度等投入指标确定履约进度。当企业从事的工作或发生的投入是在整个履约期间内平均发生时，企业也可以按照直线法确认收入。

【例6-2】 金星制造厂与天雅公司签署合同，生产一批产品，在8个月内完工，合同标的是320万元。金星制造厂采用机器工时法确定履约进度，生产这批产品需要2 000小时，即机器工时分配率＝320÷2 000＝0.16（元/时）。采用直线法确认收入，每月确认的收入＝(2 000÷8)×0.16＝40（万元）。

3. 成本法

实务中，通常按照累计实际发生的成本占预计总成本的比例（即成本法）确定履约进度，累计实际发生的成本包括企业向客户转移商品过程中所发生的直接成本和间接成本，如直接人工、直接材料、分包成本以及其他与合同相关的成本。

【例6-3】 2021年1月1日，甲造船厂与乙货轮公司签订船只买卖合同，根据双方合同，该项目的造价为600万元，期限为1年半，甲造船厂负责造船，乙货轮公司按照确认船舶的完工量，每半年与甲造船厂结算一次；预计2022年6月30日完工；预计可能发生的总成本为400万元。假定该项目整体构成单项履约义务，并属于在某一时段履行的履约义务，甲造船厂采用成本法确定履约进度，增值税税率为13%，不考虑其他相关因素。2021年6月30日，项目累计实际发生成本100万元，甲造船厂与乙货轮公司结算合同价款130万元，甲造船厂实际收到价款120万元；2021年12月31日，项目累计实际发生成本300万元，甲造船厂与乙货轮公司结算合同价款200万元，甲造船厂实际收到价款190万元。

(1) 2021年6月30日：

借：合同履约成本　　　　　　　　　　　　1 000 000

　　贷：原材料、应付职工薪酬等　　　　　　　　1 000 000

履约进度＝1 000 000÷4 000 000＝25％

合同收入＝6 000 000×25％＝1 500 000（元）

借：合同结算——收入结转　　1 500 000

　　贷：主营业务收入　　1 500 000

借：主营业务成本　　1 000 000

　　贷：合同履约成本　　1 000 000

借：应收账款　　1 469 000

　　贷：合同结算——价款结算　　1 300 000

　　　　应交税费——应交增值税（销项税额）　　169 000

借：银行存款　　1 200 000

　　贷：应收账款　　1 200 000

当日，“合同结算”科目的余额为借方20万元（150－130），表明客户尚有20万元未与甲造船厂结算。

（2）2021年12月31日：

借：合同履约成本（3 000 000－1 000 000）　　2 000 000

　　贷：原材料、应付职工薪酬等　　2 000 000

　　　　履约进度＝3 000 000÷40 000 000＝75％

　　　　合同收入＝6 000 000×75％－1 500 000＝3 000 000（元）

借：合同结算——收入结转　　3 000 000

　　贷：主营业务收入　　3 000 000

借：主营业务成本　　2 000 000

　　贷：合同履约成本　　2 000 000

借：应收账款　　2 260 000

　　贷：合同结算——价款结算　　2 000 000

　　　　应交税费——应交增值税（销项税额）　　260 000

借：银行存款　　1 900 000

　　贷：应收账款　　1 900 000

当日，“合同结算”科目的余额为借方120万元（300＋20－200），表明甲造船厂已经履行履约义务但尚未与客户结算的金额为120万元，由于甲造船厂预计该部分履约义务将在2022年内完成，因此，应在资产负债表中作为合同资产列示。

6.2 如何确认交易价格

交易价格是企业因向客户转让商品或服务而预期有权收取的对价金额，不包括代第三方收取的款项（例如某些销售税金）。交易价格可能因为销售情形发生变化，如折扣、退款、返利、积分、价格折让、退货、绩效奖金、罚款、特许权使用费等都可能使交易价格发生改变，新收入准则将发行改变的交易价格称为可变对价。企业根据历史销售经验与数据，测算期望值或最可能发生金额。

6.2.1 将交易价格分摊至各单项履约义务的一般方法

当合同中包含两项或多项履约义务时，需要将交易价格分摊至各单项履约义务，以使企业分摊至各单项履约义务（或可明确区分的商品）的交易价格能够反映其因向客户转让已承诺的相关商品而预期有权收取的对价金额。

企业在类似环境下向类似客户单独销售某商品的价格，应作为确定该商品单独售价的最佳证据。合同或价目表上的标价可能是商品的单独售价，但不能默认其一定是该商品的单独售价。例如，企业为其销售的产品制定了标准价格，但是，在实务中经常以低于该标准价格的折扣价格对外销售，此时，企业在估计该产品的单独售价时，应当考虑这一因素。合同中包含两项或多项履约义务的，企业应当在合同开始日，按照各单项履约义务所承诺商品的单独售价的相对比例，将交易价格分摊至各单项履约义务。

单独售价，是指企业向客户单独销售商品的价格。

【例 6-4】 蓝调炊具厂打包销售灶具：X1 型灶具、X2 型灶具两种，促销价格为 7 030 元。X1 型灶具、X2 型灶具的单独售价分别为 3 400 元、4 000 元，价格总计 7 400 元。为方便核算，上述价格均不包含增值税。

本例中，根据上述交易价格分摊原则：

分摊比例＝7 030÷7 400×100%＝95%

X1 型灶具应当分摊的交易价格＝3 400×95%＝3 230（元）

X2 型灶具应当分摊的交易价格＝4 000×95%＝3 800（元）

6.2.2 将交易价格分摊至各单项履约义务的特殊方法

单独售价无法直接观察的，企业应当综合考虑其能够合理取得的全部相关信息，采用市场调整法、成本加成法、余值法等方法合理估计单独售价。

1. 市场调整法

市场调整法，是指企业根据某商品或类似商品的市场售价考虑本企业的成本和毛利等进行适当调整后，确定其单独售价的方法。

【例 6-5】 景德公司与英联公司签订合同，向其销售 A、B、C 三种产品，合同总价款为 300 万元，这三种产品构成三项履约义务。景德公司以 120 万元单独出售 A 产品，其单独售价可直接观察；B 产品和 C 产品的单独售价不可直接观察，该公司采用市场调整法估计的 B 产品单独售价为 90 万元，采用成本加成法估计的 C 产品单独售价为 110 万元。景德公司通常将 B 产品和 C 产品组合在一起以 180 万元的价格销售。为方便核算，上述价格均不包含增值税。

本例中，三种产品的单独售价合计为 320 万元，而该合同的价格为 300 万元，该合同的整体折扣为 20 万元。由于景德公司经常将 B 产品和 C 产品组合在一起以 180 万元的价格销售，该价格与其单独售价之和（200 万元）的差额为 20 万元，与该合同的整体折扣一致，而 A 产品单独销售的价格与其单独售价一致，证明该合同的整体折扣仅应归属于 B 产品和 C 产品。

分摊至 A 产品的交易价格＝120 万元

分摊至 B 产品和 C 产品的交易价格合计为 180 万元。景德公司应当进一步按照 B 产品和 C 产品的单独售价的相对比例将该价格在二者之间进行分摊：

B 产品应分摊的交易价格 $= 90 \div (90 + 110) \times 180 = 81$（万元）

C 产品应分摊的交易价格 $= 110 \div (90 + 110) \times 180 = 99$（万元）

2. 成本加成法

成本加成法，是指企业根据某商品的预计成本加上其合理毛利后的价格，确定其单独售价的方法。

【例 6-6】 唐山搪瓷厂生产陶瓷组合锅，分大小一组，不单卖，组合售价 266 元，大陶瓷锅制作成本 100 元，预计毛利 70 元；小陶瓷锅 80 元，预计毛利 30 元。

(1) 计算市价分摊比＝266÷(170＋110)＝95%

(2) 大锅交易价格＝170×95%＝161.50（元）

(3) 小锅交易价格＝110×95%＝104.50（元）

3. 余值法

余值法，是指企业根据合同交易价格减去合同中其他商品可观察的单独售价后的余值，确定某商品单独售价的方法。余值法适用于企业在商品近期售价波动幅度巨大，或者因未定价且未单独销售而使售价无法可靠确定时，可采用余值法估计其单独售价。最典型的销售方式是“买一送一”。

【例 6-7】 唐山搪瓷厂新年搞优惠活动，买蒸锅送木勺，销售明细如下：

单位：元

品名	单价	数量	合计
蒸锅	250	300 台	75 000
木勺	5	300 个	1 500
合计			76 500

木勺收入＝1 500 元，蒸锅收入＝75 000－1 500＝73 500（元）

4. 电商销售的财税处理

移动终端技术使电商企业迅速发展起来，借助于互联网技术实现货物或服务的销售。淘宝、拼多多、京东等都是凭借互联网技术发展起来的电商企业。在电商销售模式下，货款通过第三方支付平台流转，购货方要将货款转移到支付宝账户，然后销售商才发货。收到货后，经购货方确认，通知支付宝付款，货款才会转入销售方账户。

电商企业分为平台类电商和渠道类电商。

平台类电商，即电商企业并非产品或服务销售合同的购销主体，而仅围绕促成购销交易、提供各类辅助服务，如天猫、拼多多等。

渠道类电商，即自行建立或购买渠道实现销售的企业，即包括传统产品或服务的销售，如贝壳、铁路 12306、美团入驻商家等。

购货方发出电子支付指令，从其银行向第三方支付平台划拨款项时，应视同发生了一笔业务，要通过“其他货币资金——在线支付存款——支付宝或微信账户”科目进行处理。

【例 6-8】 兴源电器有限公司为一般纳税人，入驻淘宝平台，主营空气净化器业务。每台空气净化器 1 017 元，每满 300 减 10 元促销活动，折后售价为 987 元，包邮。当月售出 50 台，总价款 49 350 元，其中消费者信用卡付款 48 973 元，使用积分抵减 75 元，天猫佣金 246 元，快捷支付手续费56 元。商品不含税进价为 700 元，并取得了增值税专用发票。

(1) 发货时会计分录。

借：应收账款——支付宝账户　　48 973
　　　　　　——代扣返点积分　　75
　　　　　　——代扣天猫佣金　　246
　　　　　　——快捷支付手续费　　56
　贷：主营业务收入［49 350÷(1+13%)］　　43 672.57
　　　应交税费——应交增值税（销项税额）　　5 677.43

(2) 公司支付宝收到货款时会计分录。

借：其他货币资金——支付宝账户　　48 973
　　财务费用　　56
　　销售费用　　321
　贷：应收账款——支付宝账户　　48 973
　　　　　　　——代扣返点积分　　75
　　　　　　　——代扣天猫佣金　　246
　　　　　　　——快捷支付手续费　　56

当月销售该商品应纳增值税额＝49 350÷（1＋13%）×13%－700×13%×50
＝5 677.43－4 550＝1 127.43（元）

第 7 章　利润结转与分配

利润是企业在一定会计期间的经营成果，利润结转可按月、按季或按年结算。

7.1　利润结转的方法

企业期（月）末结转利润时，应将各损益类科目的金额转入本年利润，结平各损益类科目。结转后本科目的贷方余额为当期实现的净利润；借方余额为当期发生的净亏损。本年利润结转有账结法和表结法。

7.1.1　账结法

账结法是在每个会计期末将损益类科目期末净额结转到本年利润科目中，损益类科目月末不留余额。账结法下，每月月末均需编制转账凭证，将账上结计出的各损益类账户的余额转入“本年利润”科目。结转后，“本年利润”科目的本月合计数反映当月实现的利润或发生的亏损，“本年利润”科目的本年累计数反映本年累计实现的利润或发生的亏损。

7.1.2　表结法

表结法适合年结，即各损益类账户每月月末只需结计出本月发生额和月末累计余额，不结转到“本年利润”账户，只有在年末时才将全年累计余额转入“本年利润”账户。但每月月末要将损益类账户的本月发生额合计数填入利润表的本月数栏，同时将本月末累计余额填入利润表的本年累计数栏，通过利润表计算反映各期的利润（或亏损）。表结法下，年中损益类账户无须结转入“本年利润”账户，从而减少了转账环节和工作量，同时并不影响利润表的编制及有关损益指标的利用。

小提示

未计入当期利润的利得和损失扣除所得税影响后的净额计入其他综合收益项目。净利润与其他综合收益的合计金额为综合收益总额。

7.1.3 期末利润结转账务处理

期末本年利润的结转，本年利润的会计分录有四个步骤。

1. 先结转收入

借：主营业务收入
　　其他业务收入
　　营业外收入
　　贷：本年利润

2. 结转成本、费用和税金

借：本年利润
　　贷：主营业务成本
　　　　税金及附加
　　　　其他业务成本
　　　　销售费用
　　　　管理费用
　　　　财务费用
　　　　营业外支出
　　　　所得税费用

3. 结转投资收益

（1）净收益。

借：投资收益
　　贷：本年利润

（2）净损失。

借：本年利润
　　贷：投资收益

4. 年度结转利润分配

（1）收入和支出相抵后盈利情况。

借：本年利润
　　贷：利润分配——未分配利润

（2）亏损情况。

借：利润分配——未分配利润
　　贷：本年利润

【例 7-1】 2×21 年 3 月 31 日，各损益类账户余额见表 7-1。

表 7-1　损益类账户余额表

科目名称	余额方向	期末余额
主营业务收入	贷	8 900 000
其他业务收入	贷	148 000
主营业务成本	借	4 980 000
其他业务成本	借	88 370
税金及附加	借	32 470
销售费用	借	1 450 000
管理费用	借	1 000 000
财务费用	借	190 000

（1）结转收入。

借：主营业务收入　　　　8 900 000

　　其他业务收入　　　　148 000

　　贷：本年利润　　　　9 048 000

根据上述业务，登记会计凭证，见表 7-2。

表 7-2　转账凭证　　　　附件：××张

2×21 年 3 月 31 日　　　　转字第 021 号

摘要	一级科目	二级或明细科目	账页	借方金额										贷方金额										记账
				千	百	十	万	千	百	十	元	角	分	千	百	十	万	千	百	十	元	角	分	
结转3月收入	主营业务收入				8	9	0	0	0	0	0	0	0											✓
	其他业务收入					1	4	8	0	0	0	0	0											✓
	本年利润														9	0	4	8	0	0	0	0	0	✓
合计				¥	9	0	4	8	0	0	0	0	0	¥	9	0	4	8	0	0	0	0	0	

会计主管：××　　记账：××　　出纳：××　　审核：××　　填制：××

（2）结转成本费用。

借：本年利润　　　　7 740 840

　　贷：主营业务成本　　　　4 980 000

其他业务成本　　　　　　　　　　　　　　　　　　88 370
税金及附加　　　　　　　　　　　　　　　　　　　32 470
销售费用　　　　　　　　　　　　　　　　　　　1 450 000
管理费用　　　　　　　　　　　　　　　　　　　1 000 000
财务费用　　　　　　　　　　　　　　　　　　　　190 000

根据上述业务，登记会计凭证，见表 7-3。

表 7-3　转账凭证

附件：××

2×21 年 3 月 31 日　　　　转字第 022 号

摘要	一级科目	二级或明细科目	账页	借方金额										贷方金额										记账
				千	百	十	万	千	百	十	元	角	分	千	百	十	万	千	百	十	元	角	分	
结转3月成本	本年利润				7	7	4	0	8	4	0	0	0											√
	主营业务成本														4	9	8	0	0	0	0	0	0	√
	其他业务成本																8	8	3	7	0	0	0	√
	税金及附加																3	2	4	7	0	0	0	√
	销售费用														1	4	5	0	0	0	0	0	0	√
	管理费用														1	0	0	0	0	0	0	0	0	√
	财务费用															1	9	0	0	0	0	0	0	√
合计				¥	7	7	4	0	8	4	0	0	0	¥	7	7	4	0	8	4	0	0	0	

会计主管：××　　记账：××　　出纳：××　　审核：××　　填制：××

（3）经上述结转后，会计利润为 9 048 000－7 740 840＝1 307 160（元）

（4）经假设不存在所得税调整项目，确认所得税费用：1 307 160×25%＝326 790（元）

借：所得税费用　　　　　　　　　　　　　　326 790

　　贷：应交税费——应交所得税　　　　　　　　　326 790

根据上述业务，登记会计凭证，见表 7-4。

表 7-4　转账凭证　　　　附件：××张

2×21 年 3 月 31 日　　　　转字第 023 号

摘要	一级科目	二级或明细科目	账页	借方金额									贷方金额									记账
				百	十	万	千	百	十	元	角	分	百	十	万	千	百	十	元	角	分	
3 月计算所得税费用	所得税费用				3	2	6	7	9	0	0	0										√
	应交税费	应交所得税												3	2	6	7	9	0	0	0	√
合计				¥	3	2	6	7	9	0	0	0	¥	3	2	6	7	9	0	0	0	

会计主管：××　　记账：××　　出纳：××　　审核：××　　填制：××

（5）转入利润分配 9 048 000－7 740 840－326 790＝980 370（元）

借：本年利润　　　　　　980 370

　　贷：利润分配——未分配利润　　　　　　980 370

根据上述业务，登记会计凭证，见表 7-5。

表 7-5　转账凭证　　　　附件：××张

2×21 年 3 月 31 日　　　　转字第 025 号

摘要	一级科目	二级或明细科目	账页	借方金额									贷方金额									记账
				百	十	万	千	百	十	元	角	分	百	十	万	千	百	十	元	角	分	
转入利润分配——未分配利润	本年利润				9	8	0	3	7	0	0	0										√
	利润分配	未分配利润												9	8	0	3	7	0	0	0	√
合计				¥	9	8	0	3	7	0	0	0	¥	9	8	0	3	7	0	0	0	

会计主管：××　　记账：××　　出纳：××　　审核：××　　填制：××

根据会计凭证，登记账簿，见表 7-6。

表 7-6　明细分类簿

会计科目：本年利润

编　　号：4103

2×21 年月 31 日 年		凭证科目代码	摘要	对方科目	借方										贷方										借或贷	余额									
月	日				千	百	十	万	千	百	十	元	角	分	千	百	十	万	千	百	十	元	角	分		千	百	十	万	千	百	十	元	角	分
3	31	转字第021号	结转收入	主营业务收入等												9	0	4	8	0	0	0	0	0	贷		9	0	4	8	0	0	0	0	0
3	31	转字第022号	结转成本	主营业务成本等		7	7	4	0	8	4	0	0	0											贷		1	3	0	7	1	6	0	0	0
3	31	转字第023号	计提所得税费用	所得税费用			3	2	6	7	9	0	0	0											借			9	8	0	3	7	0	0	0
3	31	转字第025号	转入利润分配	利润分配			9	8	0	3	7	0	0	0											平								0	0	0

7.2　利润分配

利润分配是企业根据国家有关规定和企业章程、投资者协议等，对企业当年可供分配的利润所进行的分配。

可供分配的利润＝企业当年实现的净利润(或净亏损)＋年初未分配利润(或一年初未弥补亏损)＋其他转入

7.2.1　可供分配利润账务处理

可供分配的利润，按下列顺序分配：① 提取法定盈余公积；② 提取任意盈余公积；③ 向投资者分配利润。企业应通过“盈余公积”科目，核算盈余公积提取、使用等情况，并分别在“法定盈余公积”“任意盈余公积”进行明细核算，利润分配可以根据公司董事会决议进行，也可以暂时不分配，如果不提取，利润分配可以一直挂账。

1. 利润分配顺序

企业年度净利润，除法律、行政法规另有规定外，按照以下顺序分配。

（1）弥补以前年度亏损。

（2）提取10%法定公积金。法定公积金累计额达到注册资本50%以后，可以不再提取。

（3）提取任意公积金，任意公积金提取比例由投资者决议。

（4）向投资者分配利润。企业以前年度未分配的利润，并入本年度利润，在充分考虑现金流量状况后，向投资者分配。

2. 利润分配会计分录

（1）按税后净利润中10%的份额，提取法定盈余公积。

借：利润分配——提取法定盈余公积

　　贷：盈余公积——法定盈余公积

（2）提取任意公积金。

借：利润分配——提取任意盈余公积

　　贷：盈余公积——任意盈余公积

（3）应分配给股东股利或利润。

借：利润分配——应付股利

　　贷：应付股利

7.2.2 提取盈余公积金

年度终了，企业应将全年实现的净利润或发生的净亏损，自“本年利润”科目转入“利润分配——未分配利润”科目，并将“利润分配”科目所属其他明细科目的余额，转入“未分配利润”明细科目。结转后，“利润分配——未分配利润”科目如为贷方余额，表示累积未分配的利润数额；如为借方余额，则表示累积未弥补的亏损数额。

【例7-2】 接上例，按规定10%的比率提取法定盈余公积金。

借：利润分配——提取法定盈余公积金　　98 037

　　贷：盈余公积——法定盈余公积　　98 037

根据上述业务，登记会计凭证，见表7-7。

表 7-7　转账凭证　　　　附件：××张

2×21 年 3 月 31 日　　　　转字第 026 号

摘要	一级科目	二级或明细科目	账页	借方金额									贷方金额									记账
				百	十	万	千	百	十	元	角	分	百	十	万	千	百	十	元	角	分	
计提 3 月盈余公积	利润分配	提取盈余公积				9	8	0	3	7	0	0										√
	盈余公积	法定盈余公积													9	8	0	3	7	0	0	√
合计					¥	9	8	0	3	7	0	0		¥	9	8	0	3	7	0	0	

会计主管：××　　记账：××　　出纳：××　　审核：××　　填制：××

中篇　税务管理

企业财务人员应精通业务与税法，避免财务风险与税务风险的发生。现在最大的问题不是偷税，而是漏税，不是主观故意的，而是对税法研习不透，或者粗心大意等原因造成的。如错用税率，漏报应税项目，少计应税数量，错算销售金额和经营利润等。

企业税务管理涉及筹建期、生产经营期间发生的纳税事项与风险防控。

第 8 章　企业筹建期间涉税处理

新企业成立时，需要由税务局进行税种核定。税种核定是指公司注册完成后 30 日内，根据公司的实际经营特点和经营范围，向企业所在地的税务大厅和税务专管员核定企业应纳税种、税目，主要包括增值税、企业所得税、消费税、印花税、城市维护建设税、教育费附加等。

8.1　企业所得税、增值税的处理

企业在筹建期间发生的税费主要包括企业所得税与增值税，国家税务总局出台相关文件对这些税费的处理提出了具体的规定。

8.1.1　筹建期间费用支出如何在企业所得税前扣除

对于筹建期的支出，均可在企业所得税前扣除。

根据《国家税务总局关于企业所得税应纳税所得额若干税务处理问题的公告》（国家税务总局公告 2012 年第 15 号）规定：企业在筹建期间，发生的与筹办活动有关的业务招待费支出，可按实际发生额的 60％计入企业筹办费，并按有关规定在税前扣除。企业在筹建期间，发生的广告费和业务宣传费，可按实际发生额计入企业筹办费，并按有关规定在税前扣除。

除了以上这些支出外，还有其他一些开办费用。根据《国家税务总局关于企业所得税若干税务事项衔接问题的通知》（国税函〔2009〕98 号）第九条规定，新税法中开（筹）办费未明确列作长期待摊费用，企业可以在开始经营之日的当年一次性扣除，也可以按照新税法有关长期待摊费用的规定处理，但一经选定，不得改变。

《中华人民共和国企业所得税法实施条例》第七十条规定，企业所得税法第十三条第（四）项所称其他应当作为长期待摊费用的支出，自支出发生月份的次月起，分期摊销，摊销年限不得低于 3 年。

综上所述，企业筹建期的开办费用，可以选择一次在所得税前扣除，也可以选择作为待摊费用分 3 年在企业所得税前摊销。

企业在筹建期间向贫困地区的捐赠，以及通过红十字会的公益性捐赠，不得在企业所得税前扣除。

8.1.2 筹建期间一般纳税人能否抵扣进项税额

纳税人自办理税务登记至认定或登记为一般纳税人期间，未取得生产经营收入，未按照销售额和征收率简易计算应纳税额申报缴纳增值税的，其在此期间取得的增值税扣税凭证，可以在认定或登记为一般纳税人后抵扣进项税额。

（1）取得的增值税专用发票，对于无法抵扣的，由销售方纳税人开具红字增值税专用发票后，重新开具蓝字增值税专用发票。

（2）取得的海关进口增值税专用缴款书，经国家税务总局稽核比对相符后，抵扣进项税额。

8.1.3 企业筹建期间企业所得税汇算清缴

《国家税务总局关于印发〈企业所得税汇算清缴管理办法〉的通知》（国税发〔2009〕79 号）第三条规定，凡在纳税年度内从事生产、经营（包括试生产、试经营），或在纳税年度中间终止经营活动的纳税人，无论是否在减税、免税期间，也无论盈利或亏损，均应按照《企业所得税法》及其实施条例和本办法的有关规定进行企业所得税汇算清缴。很明显，企业所得税汇算清缴的主体是在纳税年度内从事生产、经营（包括试生产、试经营），或在纳税年度中间终止经营活动的纳税人。企业在筹建期，没有生产、经营，当然也就不用汇算清缴。

但仍需办理企业所得税年度申报。

8.1.4 筹建期间不得计算亏损年度

《关于贯彻落实企业所得税法若干税收问题的通知》（国税函〔2010〕79 号）规定，企业自开始生产经营的年度，为开始计算企业损益的年度。企业从事生产经营之前进行筹办活动期间发生筹办费用支出，不得计算为当期的亏损。

例如，某企业 2×19 年开始筹建，筹建期历时两年，2×19 年、2×20 年筹建期分别发生开办费 40 000 000 元、70 000 000 元，账面产生亏损。2×21 年正式生产经营，如果 2×19 年至 2×20 年的筹建期计算为亏损年度，由于 2×21 年才有收入，意味着亏损弥补期少了 2 年。而按照国税函〔2009〕98 号规定：企业可以在开始经营之日的当年一次性扣除，也可以按照新税法有关长期待摊费用的处理规定处理。但一经选定，不得改变。如果企业在开始生产经营年度的 2×21 年开始一次性或分期扣除开办费，若 2×21 年产生亏损，亏损年度从 2×21 年开始起算，延长了亏损弥补期限，对企业来说是有利的。

8.2 实收资本缴纳印花税

实收资本的构成比例是企业据以向投资者进行利润或股利分配的主要依据，《中华人民共和国企业法人登记管理条例》（2019 年 3 月 2 日修订）规定，除国家另有规定外，企业的实收资本应当与注册资本一致。企业实收资本比原注册资本数额增减超过 20%时，应持资金使用证明或验资证明，向原登记主管机关申请变更登记。

公司成立注册时，按注册的实收资本和资本公积合计的万分之五减半缴纳印花税。在以后的生产经营过程中，如果实收资本和资本公积增加，要按增加额部分的万分之五减半缴纳印花税。

印花税按季、按年或者按次计征。实行按季、按年计征的，纳税人应当自季度、年度终了之日起 15 日内申报缴纳税款；实行按次计征的，纳税人应当自纳税义务发生之日起 15 日内申报缴纳税款。印花税可以采用粘贴印花税票或者由税务机关依法开具其他完税凭证的方式缴纳。

印花税票粘贴在应税凭证上的，由纳税人在每枚税票的骑缝处盖戳注销或者画销。印花税票由国务院税务主管部门监制。

小提示

企业每年应根据“实收资本”与“资本公积”两项合计增加的部分金额，按照适用税率计算缴纳印花税，若实收资本和资本公积在本年度没有变化则不需要缴纳印花税。2018 年 5 月，《财政部 税务总局关于对营业账簿减免印花税的通知》(财税〔2018〕50 号）规定，自 2018 年 5 月 1 日起，对按万分之五税率贴花的资金账簿减半征收印花税，对按件贴花 5 元的其他账簿免征印花税。

由于 2014 年 3 月 1 日《中华人民共和国公司法》修订后，注册资本投入不再需要验资，理论上 1 元也可以成立公司。假设某企业注册资金为 500 万元，缴纳 50 万元就可以成立。那么认缴注册资本如果缴纳印花税呢？

假设甲公司认缴的出资额为 500 万元，2×21 年 4 月 1 日到位 100 万元，印花税应该如何缴纳？

收到资本金时，编制会计分录。

借：银行存款	1 000 000	
贷：实收资本		1 000 000

印花税额＝1 000 000×0.5‰×50%＝250（元）

借：税金及附加	250	
贷：应交税费——应交印花税		250
借：应交税费——应交印花税	250	
贷：银行存款		250

第9章　企业增值税进项税额抵扣的处理

采购是企业日常经营不可或缺的环节，采购设备或物资涉及增值税、城市维护建设税、教育费附加、印花税、消费税、资源税、车辆购置税等。如果购入厂房，除需缴纳增值税外，还要缴纳契税。

9.1　增值税采购的税务处理

企业增值税进项税发生在采购固定资产或物资上，进项税额是成本还是税费，需要分两种情况进行处理：一是属于一般纳税人的企业，采购固定资产或物资支付的增值税进项税额，取得增值税专用发票的，应单独核算，不包括在成本中；二是属于小规模纳税人，或虽然是一般纳税人，但不能取得增值税专用发票的企业，购入固定资产或物资支付增值税进项税额，计入所购材料的成本。

9.1.1　单货同到，当月办理进项税额抵扣

单货同到，当月办理抵扣，应将购入材料按照不含税价记入“原材料”科目，增值税专用发票等扣税凭证经认证后，下月申报期申报抵扣，“税额”计入“应交税费——应交增值税（进项税额）”。

【例9-1】　2×21年1月4日，康仁电子有限公司与红日零配件有限公司签订采购合同，向其采购一批元器件。采购合同约定，本批元器件共3 000个，含税价合计28 250元，验收合格后30日内付款。1月12日收到这批元器件，经验收合格。同日取得增值税专用发票1张，票载金额25 000元，税额3 250元。康仁电子有限公司本月勾选认证发票，并于2月申报抵扣。

（1）1月12日收到发票时。

借：原材料　　　　　　　　　　　　　　　　　　　　25 000

　　应交税费——应交增值税（进项税额）　　　　　　 3 250

　　贷：应付账款——红日零配件有限公司　　　　　　　　28 250

（2）2月21日，康仁电子有限公司向红日零配件有限公司付款28 250元。

借：应付账款——红日零配件有限公司　　　　　　　　28 250

　　贷：银行存款　　　　　　　　　　　　　　　　　　28 250

9.1.2 单货同到，当月未办理进项税额抵扣

购进货物已经验收入库，取得专用发票，但尚未认证抵扣增值税进项税额，实务中应将票面税额记入“应交税费—待认证进项税额”明细科目，待认证并申报抵扣后，再转入“应交税费——应交增值税（进项税额）”专栏。

【例9-2】 接【例9-1】，假定康仁电子有限公司未在取得当月申报抵扣，则会计分录如下。

借：原材料　　　　　　　　　　　　　　　　　　　　25 000

　　应交税费——待认证进项税额　　　　　　　　　　 3 250

　　贷：应付账款——红日零配件有限公司　　　　　　　　28 250

办理认证抵扣后。

借：应交税费——应交增值税（进项税额）　　　　　　 3 250

　　贷：应交税费——待认证进项税额　　　　　　　　　　3 250

提示

由于税务管理并没有要求“进项税额”要与“销项税额”匹配，当期无销项售额或者销项税额不足时，仍然可以申报抵扣进项税额，超出部分自然形成留抵税额。因此，企业取得专用发票后，要及时认证抵扣，以减少税会差异核算工作。

9.1.3 票到货未到，当月已办理或未办理进项税额抵扣

如果材料尚未验收入库，但已经取得专用发票，应根据专用发票票面金额，编制会计分录，因货物未收到，暂记入“在途物资”科目，税额视是否

认证抵扣计入“进项税额”或“应交增值税——待认证进项税额”明细科目。待货物到达且验收入库后，再将不含税货款自“在途物资”科目转入“原材料”科目。

【例 9-3】 接【例 9-1】，康仁电子有限公司采购一批元器件未入库，收到增值税专用发票，编制会计分录。

借：在途物资　　25 000

　　应交税费——应交增值税（进项税额）(当月已认证)　　3 250

　　应交税费——待认证进项税额（当月未认证）　　3 250

　　贷：应付账款——红日零配件有限公司　　28 250

收到该批元器件后。

借：原材料　　25 000

　　贷：在途物资　　25 000

9.1.4 货到票未到，办理暂估入账

材料已经验收入库，但尚未取得专用发票，应在月末按照货物清单、入库单或者采购协议的含税价暂估入账。

【例 9-4】 接【例 9-1】，假设 1 月 12 日收到这批元器件，经验收合格。1 月 31 日，仍未收到发票。按采购协议的含税价暂估入账。

借：原材料　　28 250

　　贷：应付账款　　28 250

如果在月末之前材料已经领用，为防止“原材料”科目出现贷方余额，在领用当日先作暂估入账，同时按照含税价进入产品成本。

9.1.5 运费如何抵扣增值税进项税额

《中华人民共和国增值税暂行条例》规定：一般纳税人外购货物所支付的运输费用，以及一般纳税人销售货物所支付的运输费用，根据运费结算单据所列运费金额依照适用税率计算抵扣进项税额准予扣除，但随同运费支付的装卸费、保险费等其他杂费不得计算扣除进项税额。

运费进项税额 = 含税运费 ÷ (1 + 税率) × 税率

1. 购进材料由运输公司负责运输

增值税一般纳税人，购买货物和销售商品支付的运费，必须取得运输企

业开具的增值税专用发票，可以凭票抵扣进项税额，取得普通发票是不能凭票抵扣进项税额的。一般纳税人都要按照9%的税率计算增值税额。

【例9-5】 康仁有限公司采购物资，委托飞快达运输公司运送物资，收到飞快达运输公司开具的增值税专用发票，发票注明的不含税的价款为4 578元，增值税税额378元。款项通过企业网银支付。

借：原材料 4 200

应交税费——应交增值税（进项税额） 378

贷：银行存款 4 578

2. 购进材料，由销售方垫付运费

销货方垫付运费，如果运费增值税专用发票开给销售方，购货方不能抵扣运费进项税额，如果运费增值税专用发票开给采购方，采购方可凭增值税发票抵扣进项税额。

【例9-6】 接【例9-5】，假设销售方垫付运费，康仁电子有限公司收到销售方开具的增值税发票，票面金额包含运费。票面注明金额120 000元，税额15 600元。

康仁电子有限公司会计处理如下。

借：原材料 120 000

应交税费——应交增值税（进项税额） 15 600

贷：应付账款 135 600

支付货款时。

借：应付账款 135 600

贷：银行存款 135 600

如果销售方不负责运输，采购方尽量选用运输公司运送货物，并由运输公司开具增值税专用发票，可抵扣进项税额，降低企业税负。

3. 采购运费的处理

企业在采购物资时，通常会涉及运费，运费一般计入采购物资的成本，进项税额取得合法凭证后可以抵扣。

“营改增”后的运输服务，与购进货物一样，凭票抵扣进项税额。如果取得一般纳税人开具的增值税专用发票，按照不含税金额乘以9%抵扣进项税额；如果取得小规模纳税人开具的增值税专用发票，按照不含税金额乘以

3%抵扣进项税额。

(1) 采购物资并自付运费。

企业取得运输公司开具的增值税专用发票，即可在申报纳税时抵扣进项税额；如果没有取得专用发票，则不能抵扣。

【例 9-7】 2×21 年 2 月 10 日，康仁电子有限公司从力宏钢厂购入2 吨轴承钢，增值税专用发票注明增值税率 13%，单价 4 800 元/吨；另支付运输费为 436 元，取得优胜运输公司专用发票。该批材料已验收入库，货款未付。

运费的增值税 = 436÷(1+9%)×9% = 36(元)

计算该批轴承钢实际成本 = 2×4 800+[436÷(1+9%)] = 10 000(元)

①根据采购材料专用发票，编制会计分录。

借：原材料——轴承钢	9 600	
应交税费——应交增值税（进项税额）(9 600×13%)	1 248	
贷：应付账款——力宏钢厂		10 848

②根据运输专用发票，编制会计分录。

借：原材料——轴承钢	400	
应交税费——应交增值税（进项税额）(400×9%)	36	
贷：应付账款——优胜运输公司		436

(2) 购进原材料时，由销售方垫付运费。

销售方垫付运费，最终还需要采购方支付，采购方编制分录时，原材料包含运费，即 10 000 元（9 600+400）；增值税费也包含运费中的税费，即 1 284元（1 248+36）。

货款未支付时，编制会计分录。

借：原材料	10 000	
应交税费——应交增值税（进项税额）	1 284	
贷：应付账款		11 284

支付货款时。

借：应付账款	11 284	
贷：银行存款		11 284

(3) 由专门的物流公司运输材料。

物流公司会开具发票给采购方，如果是增值税专用发票，采购方将不含税运费计入采购成本中，进项税额可以用来抵扣。会计分录如下。

借：原材料——运费　　400

　　应交税费——应交增值税（进项税额）　　36

　　贷：银行存款　　436

如果是普通发票，采购方不能抵扣进项税额，则计入采购成本中。会计分录如下。

借：原材料——轴承钢　　10 036

　　应交税费——应交增值税（进项税额）　　1 248

　　贷：应付账款——力宏钢厂　　11 284

9.1.6 购进国内旅客运输服务进项税额如何抵扣

《财政部 税务总局 海关总署关于深化增值税改革有关政策的公告》（财政部 税务总局 海关总署公告 2019 年第 39 号）第六条规定，纳税人购进国内旅客运输服务，其进项税额允许从销项税额中抵扣。

纳税人未取得增值税专用发票的，暂按照以下规定确定进项税额：

（1）取得增值税电子普通发票的，为发票上注明的税额；

（2）取得注明旅客身份信息的航空运输电子客票行程单的，为按照下列公式计算进项税额：

航空旅客运输进项税额 =（票价 + 燃油附加费）÷（1 + 9%）× 9%

（3）取得注明旅客身份信息的铁路车票的，为按照下列公式计算的进项税额：

铁路旅客运输进项税额 = 票面金额 ÷（1 + 9%）× 9%

（4）取得注明旅客身份信息的公路、水路等其他客票的，按照下列公式计算进项税额：

公路、水路等其他旅客运输进项税额 = 票面金额 ÷（1 + 3%）× 3%

根据上述规定，

国内旅客运输服务取得增值税电子普通发票可以抵扣进项税额，因此，国内旅客运输服务取得增值税纸质普通发票不可以抵扣进项税额。

【例 9-8】 康仁电子有限公司取得注明旅客身份信息的航空运输电子客票行程单，机票票面价格 1 200 元，燃油附加费 598.50 元，当期进项税额计算如下。

$$
\begin{aligned}
\text{航空旅客运输进项税额} &= (\text{票价}+\text{燃油附加费})\div(1+9\%)\times 9\% \\
&= (1\,200+598.50)\div(1+9\%)\times 9\% \\
&= 148.50(\text{元})
\end{aligned}
$$

9.1.7　农产品核定扣除税务处理

农产品是指列入《农业产品征税范围注释》(财税字〔1995〕52号）的初级农业产品，根据财税〔2012〕38号第七条规定，扣除率为销售货物的适用税率。

《财政部 国家税务总局关于在部分行业试行农产品增值税进项税额核定扣除办法的通知》(财税〔2012〕38号）规定，自2012年7月1日起，以购进农产品为原料生产销售液体乳及乳制品、酒及酒精、植物油的增值税一般纳税人，纳入农产品增值税进项税额核定扣除试点范围，其购进农产品无论是否用于生产上述产品，增值税进项税额均按照《农产品增值税进项税额核定扣除试点实施办法》的规定抵扣。

农产品核定扣除是指纳税人按照税务机关确定的方法和审定的扣除标准，计算当期允许抵扣的农产品增值税进项税额，而不再凭增值税扣税凭证抵扣增值税进项税额。

为加强农产品增值税进项税额抵扣管理，自2012年7月1日起，部分行业的试点纳税人购进农产品不再凭增值税扣税凭证抵扣增值税进项税额，而是采用一定的进项税额核定方法进行抵扣，2013年9月1日起，相关权限下放至省一级，目前各省的核定扣除试点行业不尽相同。

为进一步推进农产品增值税进项税额核定扣除试点，国家税务总局、财政部联合下发《关于扩大农产品增值税进项税额核定扣除试点行业范围的通知》(财税〔2013〕57号)，自2013年9月1日起，省级税务部门可商同财政部门，结合本省特点选择部分行业开展核定扣除试点工作。

山东省、湖北省以及新疆维吾尔自治区等陆续发布扩大农产品扣除的公告。

山东省《关于扩大农产品增值税进项税额核定扣试点有关问题的通知》对购进农产品籽棉为原料生产皮棉；对购进农产品皮棉为原料生产总数纱等项，实行农产品增值税进项税额核定扣除。皮棉按籽棉单耗数量（吨）2.85，普梳棉纱按皮棉1.15；精梳棉纱（80支以下）按1.40；精梳棉纱（80支以上）按1.45执行。

《湖北省国家税务总局关于扩大农产品增值税进项税额核定扣除试点行业范围的公告》规定，自2014年4月1日起，明确将"耗用籽棉生产皮棉"纳入农产品增值税进项税额核定扣除试点行业范围，并确定扣除标准为耗用籽棉生产的皮棉，平均单耗数量为2.64。

《财政部 税务总局 海关总署关于深化增值税改革有关政策的公告》(财政部 税务总局 海关总署公告2019年第39号）中第二条规定：纳税人购进农产品，原适用10%扣除率的，扣除率调整为9%。纳税人购进用于生产或者委托加工13%税率货物的农产品，按照10%的扣除率计算进项税额。

棉纱适用税率为13%，因此，棉花的扣除率为10%。

核定扣除方法有三种：一是投入产出法；二是成本法；三是参照法。

1. 投入产出法

参照国家标准、行业标准（包括行业公认标准和行业平均耗用值）确定销售单位数量货物耗用外购农产品的数量，扣除率为销售货物的适用税率。

当期允许抵扣农产品增值税进项税额＝当期农产品耗用数量×农产品平均购买单价×扣除率÷(1＋扣除率)

当期农产品耗用数量＝当期销售货物数量×农产品单耗数量

【例9-9】 晨风乳业有限公司2×21年2月销售1 500吨乳制品，原乳单耗数量为1.02，原乳平均购买单价为2 400元/吨。

当期允许抵扣农产品增值税进项税额＝1 500×1.02×2 400×9%÷(1+9%)

＝303 192.67(元)

借：应交税费——应交增值税（进项税额）　　303 192.67

　贷：主营业务成本　　303 192.67

【例9-10】 阳阳乳业有限公司2×21年7月1日～5月31日销售50 000吨巴氏杀菌牛乳，其主营业务成本为18 000万元，农产品耗用率为70%，原乳单耗数量为1.055，原乳平均购买单价为4 800元/吨。

当期允许抵扣农产品增值税进项税额＝当期农产品耗用数量×农产品平均购买单价×扣除率÷(1＋扣除率)

＝50 000×1.055×0.48×9%÷(1＋9%)

＝2 090.64(万元)

借：应交税费——应交增值税（进项税额）　　20 906 400

　　贷：主营业务成本　　20 906 400

2. 成本法

成本法侧重于农产品耗用金额的控制，企业根据税务机关核定的农产品耗用率计算确定本期农产品成本，最后确定当期允许抵扣的增值税进项税额。

当期允许抵扣农产品增值税进项税额＝当期主营业务成本×农产品耗用率×扣除率÷（1＋扣除率）

农产品耗用率＝上年投入生产的农产品外购金额÷上年生产成本

"主营业务成本"中不包括其未耗用农产品的产品成本，在计算时应当予以扣除。农产品耗用率由试点纳税人向主管税务机关申请核定。

农产品外购金额（含税）不包括不构成货物实体的农产品（包括包装物、辅助材料、燃料、低值易耗品等）和在购进农产品之外单独支付的运费、入库前的整理费用。

【例 9-11】 恒丰酒业有限公司为一般纳税人，外购玉米生产销售白酒，采用成本法核定增值税进项税额。经税务机关核定的玉米耗用率为 80%。2×21年 8 月，企业主营业务成本为 84.20 万元，假设不考虑其他副产品。

当期允许抵扣粮食增值税进项税额＝当期主营业务成本×农产品耗用率×扣除率÷(1＋扣除率)

＝84.20×0.8×0.13÷1.13

＝7.75(万元)

借：应交税费——应交增值税（进项税额）　　77 500

　　贷：主营业务成本　　77 500

3. 参照法

试点纳税人购进农产品生产销售上述产品以外的其他产品，可采取"参照法"，在投产当期增值税纳税申报时向主管税务机关提出申请，参照所属行业或者生产结构相近的其他纳税人的平均水平，确定农产品单耗数量，由主管税务机关据实核定，并报省税务局备案。

购进农产品直接销售计算如下。

当期允许抵扣农产品增值税进项税额＝当期销售农产品数量÷(1－损耗

率）×农产品平均购买单价×9%÷(1+9%)

损耗率 = 损耗数量÷购进数量

【例 9-12】 春风纺织厂是一般纳税人，以外购皮棉为原料生产棉纱。2×21年9月4日，自小规模纳税人处收购皮棉500吨，取得对方代开的增值税专用发票1张，增值税税率1%，金额90万元，税额0.9万元，款项尚未支付。该企业皮棉无期初库存，当月对外直接销售皮棉200吨，每吨含税售价3 270元，假定当地税务机关核定的损耗率为5%。该纺织厂当月应纳增值税额是多少？

（1）购进时。

借：原材料——皮棉　　909 000

　　贷：应付账款　　909 000

（2）直接销售时。

应收账款=200×3 270=654 000（元）

借：应收账款　　654 000

　　贷：其他业务收入　　600 000

　　　　应交税费——应交增值税（销项税额）　　54 000

皮棉期末平均购买单价 = 909 000÷500 = 1 818(元/吨)

核定扣除的进项税额 = 当期销售农产品数量÷(1－损耗率)×农产品平均购买单价×9%÷(1+9%)

= 200÷(1－5%)×1 818÷(1+9%)×9%

= 31 602.12(元)

借：其他业务成本　　331 997.88（倒挤）

　　应交税费——应交增值税（进项税额）　　31 602.12

　　贷：原材料　　363 600（1 818×200）

应纳税额 = 3 270÷(1+9%)×200×9%－31 602.12

　　　　= 22 397.88(元)

9.1.8 增值税出口退税处理

对外贸企业实行“免、抵、退”政策，是国家鼓励出口货物公平竞争的一种手段，目的是让商品以不含税价格进入国际市场。将出口货物在国内生产、流通环节实际承担的增值税、消费税，办理货物报关出口后退还给出口企业，有效地避免国际双重课税。

企业退税的实质是退还国内生产流转环节已征增值税，来料加工退国内料件国内劳务已征增值税。出口退税是为了将出口货物的整体税负归零。

“免、抵、退”具体含义如下：

①“免”是指生产企业出口自产货物免征生产销售环节的增值税。

②“抵”是指以本企业本期出口产品应退税额抵顶内销产品应纳税额。

③“退”是指按照上述过程确定的实际应退税额符合一定标准时，即生产企业出口的自产货物在当月内应抵顶的进项税额大于应纳税额时，对未抵顶完成的部分予以退税。

增值税、消费税出口退（免）税有三种政策：又免又退、只免不退、不免不退。

1. 又免又退

又免又退简称“免退税”政策，货物出口免税（即零税率），货物内销产生的进项税额大于销项税额的差额，与按出口货物外汇牌价计算的离岸价格乘以退税率，计算“免、抵、退税”额按绝对值较小的数额退税。

适用“免、退税”政策的企业包括生产企业直接出口或委托出口货物、外贸企业收购货物出口或委托出口货物以及特定的出口退税企业，其他企业委托代理出口货物一律不予退（免）税。

2. 只免不退

如果出口货物没有取得进项发票，只能是免征销项税额。此项规定适合小规模纳税人，以及生产免税产品的企业。

适合只免不退政策的修订包括：①小规模生产企业自营出口或委托出口；②外贸企业从小规模纳税人购进并持有普遍发票的货物出口；③来料加工复出口货物的货物；④避孕药品和古旧图书；⑤国家出口计划内的卷烟和军品。

3. 不免不退

不免不退是针对不鼓励出口的货物。税法列举限制或禁止出口的货物，如：原油、天然牛黄、麝香、铜及铜基合金、白银等。

免、抵、退税计算步骤（税法上叫作免抵退税额，会计上叫作出口退税）如下：

第一步剔税：计算不得免征和抵扣税额。

当期免抵退税不得免征和抵扣税额＝出口货物离岸价格×外汇人民币牌价×（出口货物适用税率－出口退税率）

第二步抵税：计算当期应纳增值税额。

当期应纳税额＝内销商品销项税额－（全部进项税额－第一步计算的数额）－上期留抵税额（小于0进入下一步）

第三步计算免抵退税额。

免抵退税额＝出口货物离岸价×外汇人民币牌价×出口货物的退税率

第四步计算确定应退税额（第二步与第三步相比，哪个数小退哪个）。

注意：第二步大于第三步的情况下，2－3＝下期留抵税额

第五步确定免抵税额。

免抵税额＝免抵退税额－应退税额

【例9-13】 兴城服装出口有限公司为自营出口生产企业，是增值税一般纳税人，出口货物的征税率为13%，退税率为9%。2×21年4月购进一批棉布，取得的增值税专用发票注明的价款180万元，增值税23.4万元，货物已入库。上期期末留抵税额2.4万元。当月内销货物销售额110万元，销项税额14.3万元。如果本月出口销售额折合人民币70万元。

计算步骤如下：

当期免抵退税不得免征和抵扣税额 ＝ 70 ×（13% － 9%）＝ 2.8（万元）

应纳增值税额 ＝ 110 × 13% －（23.4 － 2.8）－ 2.4

＝ 14.3 － 20.60 － 2.4 ＝－ 8.70（万元）

出口货物免抵退税额 ＝ 70 × 9% ＝ 6.30（万元）

下期留抵税额 ＝ 8.70 － 6.30 ＝ 2.4（万元）

当期应纳增值税额8.70万元大于当期免抵退税额6.3万元，故当期应退税额等于免抵退税额6.3万元。

全程演示会计分录如下：

(1) 采购棉布时

借：原材料 1 800 000

应交税费——应交增值税（进项税额） 234 000

贷：银行存款 2 034 000

(2) 内销销售货物

借：银行存款 1 243 000

贷：主营业务收入——内销商品 1 100 000

应交税费——应交增值税（销项税额） 143 000

(3) 对外销售商品，并取得出口退税款

①实现销售时：

借：应收账款（应收外汇账款） 700 000

贷：主营业务收入——外销 700 000

②不得抵扣进项税额（当期免抵退税不得免征和抵扣税额）：

借：主营业务成本——一般贸易出口 28 000

贷：应交税费——应交增值税（进项税额转出） 28 000

借：应收出口退税款 63 000

贷：应交税费——应交增值税（出口退税） 63 000

③收到出口退税款时：

借：银行存款 63 000

贷：应收出口退税款 63 000

9.1.9 退税延期备案怎么办理

根据《国家税务总局关于优化整合出口退税信息系统 更好服务纳税人有关事项的公告》(国家税务总局公告 2021 年第 15 号）第一条：

（一）纳税人因申报出口退（免）税的出口报关单、代理出口货物证明、委托出口货物证明、增值税进货凭证没有电子信息或凭证内容与电子信息不符，无法在规定期限内申报出口退（免）税或者开具《代理出口货物证明》的，取消出口退（免）税凭证无相关电子信息申报，停止报送《出口退（免）税凭证无相关电子信息申报表》。待收齐退（免）税凭证及相关电子信息后，即可申报办理退（免）税。

（二）纳税人因未收齐出口退（免）税相关单证，无法在规定期限内申报出口退（免）税或者开具《代理出口货物证明》的，取消出口退（免）税延期申报，停止报送《出口退（免）税延期申报申请表》及相关举证资料。待收齐退（免）税凭证及相关电子信息后，即可申报办理退（免）税。

出口退（免）税凭证无相关电子信息申报表见表 9-1。

表 9-1　出口退（免）税凭证无相关电子信息申报表

统一社会信用代码/纳税人识别号：

纳税人名称：

序号	关联号	出口报关单/代理出口货物证明号码/委托出口货物证明号码	是否无出口报关单或代理出口货物证明电子信息	对应进货凭证号码	出口（开具）日期	备注
	1	2	3	4	5	6
兹声明，本企业已取得以上凭证的原始单证，以上申报无讹并愿意承担一切法律责任。 经办人： （印　章） 年　月　日						

相关政策

《国家税务总局关于进一步便利出口退税办理 促进外贸平稳发展有关事项的公告》（国家税务总局公告 2022 年第 9 号）规定，出口企业管理类别年度评定工作应于企业纳税信用级别评价结果确定后 1 个月内完成。

纳税人发生纳税信用修复情形的，可以书面向税务机关提出重新评定管理类别。因纳税信用修复原因重新评定的纳税人，不受《出口退（免）税企业分类管理办法》（国家税务总局公告 2016 年第 46 号发布，2018 年第 31 号修改）第十四条中“四类出口企业自评定之日起，12 个月内不得评定为其他管理类别”规定限制。

9.1.10　预缴税款

1. 预缴税款的对象

纳税人销售不动产，要向不动产所在地地税机关预缴税款，并向机构所在地国税机关纳税申报。预缴税款的机制是除其他个人以外的纳税人需要预缴税款，其他个人，即自然人，不需要预缴，直接在不动产所在地主管地税机关缴纳。

2. 不含税销售额的换算

通常的换算原则是：将销售额换算为不含税价时，需要区分纳税人是一般纳税人还是小规模纳税人，如果是一般纳税人，还需要考虑该纳税人是选择简易计税方法还是一般计税方法计税，针对不同情况，按照适用税率或者征收率来进行换算。即如果纳税人转让不动产，适用一般计税方法，则应该按照销售额÷(1+9%）换算为不含税价；如果纳税人转让不动产，适用简易计税方法，则应该按照销售额÷(1+5%）换算为不含税价。

提示

《财政部 税务总局关于明确增值税小规模纳税人减免增值税等政策的公告》（财政部 税务总局公告2023年第1号）规定，自2023年1月1日至2023年12月31日，增值税小规模纳税人适用3%征收率的应税销售收入，减按1%征收率征收增值税；适用3%预征率的预缴增值税项目，减按1%预征率预缴增值税。

3. 预缴税款及纳税申报

销售额有差额和全额之分，差额是指以取得的全部价款和价外费用扣除购置原价后的余额，全额指销售不动产取得全部价款及价外费用。具体换所及申报情况见表9-2。

表9-2 纳税人转让不动产预缴税款及纳税申报情况简表

<table>
<tr><th colspan="2">征税机关</th><th>非自建</th><th>自建</th></tr>
<tr><td colspan="2">不动产所在地</td><td>差额5%预征</td><td>全额5%预征</td></tr>
<tr><td rowspan="2">机构所在地</td><td>简易计税</td><td>差额5%预征</td><td>全额5%预征</td></tr>
<tr><td>一般计税</td><td colspan="2">全额9%申报</td></tr>
</table>

4. 预缴税款的结转

单位和个体工商户转让其取得的不动产，向不动产所在地主管地税机关预缴的增值税税款，可以在当期增值税应纳税额中抵减，抵减不完的，结转下期继续抵减。纳税人在不动产所在地地税机关预缴税款后，应取得并妥善保管完税凭证（注明有增值税），以完税凭证作为抵减应纳税额的合法有效凭证。

5. 未按规定预缴税款的罚则

纳税人转让不动产，按照《纳税人转让不动产增值税征收管理暂行办法》规定应向不动产所在地主管地税机关预缴税款而自应当预缴之月起超过 6 个月没有预缴税款的，由机构所在地主管国税机关按照《中华人民共和国税收征收管理法》及相关规定进行处理。

纳税人转让不动产，未按照《纳税人转让不动产增值税征收管理暂行办法》规定缴纳税款的，由主管税务机关按照《中华人民共和国税收征收管理法》及相关规定进行处理。一般遇到这种情形的，都会涉及补缴税款、加处罚款及收取滞纳金。

【例 9-14】 森工企业集团在深圳市罗湖区注册成立，拥有深圳市区多处不动产所有权，并取得产权证书。

(1) 2×21 年 1 月 30 日转让其 2×12 年购买的位于南山区一层写字楼，取得转让收入 1 200 万元（含税，下同）。纳税人 2×12 年购买时的价格为 620 万元，销售不动产统一发票保留完整。

(2) 2×21 年 7 月 30 日转让其 2×14 年自己建造的位于罗湖区的办公楼，取得转让收入 1 995 万元，建造办公楼的成本为 1 260 万元。

(3) 2×21 年 10 月 30 日转让其 2×16 年 6 月购买的位于龙岗区的写字楼，取得转让收入 1 962 万元，购买时的价格为 1 417 万元，取得了增值税专用发票显示税额为 169 万元。

分析甲企业是一般纳税人或者小规模纳税人情况下，分别采用一般计税方法和简易计税方法时如何进行税款预缴与纳税申报？

(1) 转让“营改增”之前非自建不动产情况下：

根据题意，分三种情况，具体见表 9-3。

表 9-3 “营改增”前非自建情况下税款预缴与纳税申报简表

方法	一般纳税人	小规模纳税人
一般计税方法	(1) 南山区税务预缴税款 = (1 200 − 620) ÷ (1 + 5%) × 5% = 27.62（万元） (2) 罗湖区税务申报税款 = 1 200 ÷ (1+9%) × 9% − 27.62 = 71.46（万元）	不适用

续上表

方法	一般纳税人	小规模纳税人
简易计税方法	(1) 南山区税务预缴税款 = (1 200 − 620) ÷ (1 + 5%) × 5% = 27.62 (万元) (2) 罗湖区税务申报税款 = (1 200 − 620) ÷ (1 + 5%) × 5% − 27.62 = 0 (万元)	(1) 南山区税务预缴税款 = (1 200 − 620) ÷ (1 + 5%) × 5% = 27.62 (万元) (2) 罗湖区税务申报税款 = (1 200 − 620) ÷ (1 + 5%) × 5% − 27.62 = 0 (万元)

(2) 转让“营改增”之前自建不动产，根据题意，分三种情况，具体见表 9-4。

表 9-4　“营改增”前自建情况下税款预缴与纳税申报简表

方法	一般纳税人	小规模纳税人
一般计税方法	(1) 罗湖区税务预缴税款 = 1 995 ÷ (1 + 5%) × 5% = 95 (万元) (2) 罗湖区税务申报税款 = 1 995 ÷ (1 + 9%) × 9% − 95 = 69.72 (万元)	不适用
简易计税方法	(1) 罗湖区税务预缴税款 = 1 995 ÷ (1 + 5%) × 5% = 95 (万元) (2) 罗湖区税务申报税款 = 1 995 ÷ (1 + 5%) × 5% − 95 = 0 (万元)	(1) 罗湖区税务预缴税款 = 1 995 ÷ (1 + 5%) × 5% = 95 (万元) (2) 罗湖区税务申报税款 = 1 995 ÷ (1 + 5%) × 5% − 95 = 0 (万元)

(3) 转让“营改增”之后非自建不动产，根据题意，“营改增”后购入不动产可以抵扣，但是在计算预缴金额时不要扣除取得不动产的进项税额。预缴税款中的扣除金额是指购置原价或作价，其中是包括进项税额的，具体见表 9-5。

表 9-5　“营改增”后非自建情况下税款预缴与纳税申报简表

方法	一般纳税人	小规模纳税人
一般计税方法	(1) 龙岗区税务预缴税款 = (1 962 − 1 417) ÷ (1 + 5%) × 5% = 25.95 (万元) (2) 罗湖区税务申报税款 = 1 962 ÷ (1 + 9%) × 9% − 25.95 = 136.05 (万元)	不适用
简易计税方法	不适用	(1) 龙岗区税务预缴税款 = (1 962 − 1 417) ÷ (1 + 5%) × 5% = 25.95 (万元) (2) 罗湖区税务申报税款 = (1 962 − 1 417) ÷ (1 + 5%) × 5% − 25.95 = 0 (万元)

一般纳税人跨市县迁移，未抵完的进项税额在迁移后能否继续抵扣？

《国家税务总局关于一般纳税人迁移有关增值税问题的公告》（国家税务总局公告2011年第71号）第一条规定，增值税一般纳税人（以下简称纳税人）因住所、经营地点变动，按照相关规定，在工商行政管理部门作变更登记处理，但因涉及改变税务登记机关，需要办理注销税务登记并重新办理税务登记的，在迁达地重新办理税务登记后，其增值税一般纳税人资格予以保留，办理注销税务登记前尚未抵扣的进项税额允许继续抵扣。

第二条规定，迁出地主管税务机关应认真核实纳税人在办理注销税务登记前尚未抵扣的进项税额，填写《增值税一般纳税人迁移进项税额转移单》。

《增值税一般纳税人迁移进项税额转移单》一式3份，迁出地主管税务机关留存一份，交纳税人一份，传递迁达地主管税务机关一份。

第三条规定，迁达地主管税务机关应将迁出地主管税务机关传递来的《增值税一般纳税人迁移进项税额转移单》与纳税人报送资料进行认真核对，对其迁移前尚未抵扣的进项税额，在确认无误后，允许纳税人继续申报抵扣。

根据上述规定，增值税一般纳税人经营地点迁移，未抵扣完的进项税可以按照上述程序申请继续抵扣。

9.1.11 简易征收备案办理与税务风险防范

增值税一般纳税人因无法取得原材料或货物的增值税进项发票，如果按照进销项的方法核算增值税应纳税额后，显然税负过高，因此对此类行业采取简易征收率征收增值税。采用简易征收项目的企业，需向税务局提交申请，进行备案。

1. 简易征收范围与税率

简易征收是对项目征税，因此允许一般纳税人部分项目采用一般计税方法，部分项目采用简易计税，前提是做好独立的财务核算工作，以备税务机关检查。

增值税一般纳税人简易征收备案所需要材料：

（1）一般纳税人简易征收备案表；

（2）一般纳税人选择简易办法征收备案事项说明；

（3）选择简易征收的产品、服务符合条件的证明材料，或者企业符合条件的证明材料。

企业一经选择，36 个月内不得变更，超过 36 个月，无须取消备案，可直接适合一般计税方法开票及申报。

简易征收范围与征收率，见表 9-6。

表 9-6　简易征收范围与征收率

纳税主体	征收范围	征收率
小规模纳税人	销售货物	3%
	加工、修理修配劳务	
	销售应税服务（除另有规定外）	
	销售无形资产	
可以选择适用简易计税方法的特定应税行为		
销售不动产		5%
符合条件的经营租赁不动产（土地使用权）		
转让营改增前取得的土地使用权		
房地产开发企业销售、出租自行开发的房地产老项目		
符合条件的不动产融资租赁		
选择差额纳税的劳务派遣服务、安全保护服务		
一般纳税人提供人力资源外包服务		
建筑服务		3%
试点前开工的高速公路车辆通行费		

续上表

<table>
<tr><th>纳税主体</th><th>征收范围</th><th>征收率</th></tr>
<tr><td colspan="2">个体工商户和其他个人出租住房</td><td>5%减按 1.5%</td></tr>
<tr><td>小规模纳税人</td><td rowspan="2">销售自己使用过的固定资产</td><td rowspan="2">3%减按 2%</td></tr>
<tr><td>符合规定情形的一般纳税人</td></tr>
<tr><td colspan="2">2020 年 5 月 1 日～2023 年 12 月 31 日，销售二手车</td><td>3%减按 0.5%</td></tr>
</table>

2. 简易征收可开根据需要开具增值税专用发票

除财政部、国家税务总局特殊规定外，简易征收项目（含“营改增”简易征收项目）可开具增值税专用发票。自开票纳税人可自行开具增值税专用发票，小规模纳税人可向主管税务机关申请代开增值税专用发票。

相关政策

根据《国家税务总局关于营业税改征增值税试点期间有关增值税问题的公告》（国家税务总局公告 2015 年第 90 号）规定，销售使用过的固定资产适用简易计税，按照征收率 3%减按 2%征税，不得开具增值税专用发票；按照征收率 3%征税，允许开具增值税专用发票。

根据《国家税务总局关于物业管理服务中收取的自来水水费增值税问题的公告》（国家税务总局公告 2016 年第 54 号）规定，提供物业管理服务的纳税人，向服务接收方收取的自来水水费，以扣除其对外支付的自来水水费后的余额为销售额，按照简易计税办法依 3%的征收率计算缴纳增值税，允许全额开具增值税专用发票。

财政部、国家税务总局特殊规定不得开具增值税专用发票的简易征收项目如下：

（1）一般纳税人销售自己使用过的固定资产，适用按简易办法依 3%征收率减按 2%征收增值税政策的，应开具普通发票，不得开具增值税专用发票。

（2）小规模纳税人销售自己使用过的固定资产，应开具普通发票，不得由税务机关代开增值税专用发票。

（3）纳税人销售旧货，应开具普通发票，不得自行开具或者由税务机关代开增值税专用发票。

增值税遵循征扣税一致的原则，即征收多少扣多少，未征税或免税则不扣税，所以简易计税项目不得抵扣进项税额。一般纳税人既有一般计税项目又有简易计税项目，无进项税额转出的，则可能存在用于简易计税或免税项目的进项税额未按规定转出进项税额的风险。纳税人发生兼营行为，对于能够准确划分的进项税额，如购入用途确定的原材料等，直接按其归属项目区分；对于不能够准确划分的进项税额，如共同耗用无法准确划分的水、电力、热力等，需要按照下列公式计算不得抵扣的进项税额，并予以转出。

不得抵扣的进项税额＝当期无法划分的全部进项税额×(当期简易计税方法计税项目销售额＋免征增值税项目销售额)÷当期全部销售额

需要注意的是，纳税人若有差额扣除项目，简易征收项目的销售额和全部销售额指的是差额扣除前的销售额。

关注进项税额转出的计算方法外，还应及时将取得的专用发票按规定进行认证。税务系统专用发票认证有两个选项：一个是勾选抵扣，另一个是不抵扣，在不抵扣上打钩即可。这样可以避免逾期认证形成滞留票，成为税务核查对象。在会计核算上按照《增值税会计处理规定》计入“应交税费——待认证进项税额”科目，待认证后，计入“应交税费——应交增值税（进项税额转出）”科目。以规范的账务处理，规避相关涉税风险。

【例9-15】 天天物流有限公司，提供货物运输服务（适用一般计税方法）和仓储服务（选择简易计税方法）。5月缴纳电费61.02万元（含税），取得增值税专用发票并于当月认证抵扣。电费进项税额无法在货物运输服务和仓储服务间划分，该公司当月取得货物运输收入200万元，仓储服务收入300万元。

当期应转出的进项税额＝61.02÷(1＋13%)×13%×200÷(200＋300)
＝2.808(万元)

账务处理如下。

借：管理费用	540 000	
应交税费——应交增值税（进项税额）	42 120	
应交税费——待认证进项税额	28 080	
贷：银行存款		610 200

借：应交税费——应交增值税（进项税额转出）　　28 080

　　贷：应交税费——待认证进项税额　　28 080

借：管理费用　　28 080

　　贷：应交税费——应交增值税（进项税额转出）　　28 080

9.1.12　出租、出借包装物逾期未收回的押金的税务处理

对于“逾期”的定义，会计和税法的规定有所不同。会计以超过合同约定期为限，税法以超过1年为限。对收取1年以上的押金，无论是否退还，均并入销售额征税。个别包装物周转使用期限较长的，报经税务机关确定后，可适当放宽逾期期限。

【例9-16】　某酒厂在销售黄酒时，随同黄酒对外出租木桶，木桶单独收取押金。

2×20年1月12日，收取押金27 120元。会计分录如下。

借：银行存款　　27 120

　　贷：其他应付款——押金　　27 120

2×21年1月13日，押金逾期12个月，应按照税法依法缴纳增值税。

借：其他应付款——押金　　27 120

　　贷：其他业务收入　　24 000

　　　　应交税费——应交增值税（销项税额）　　3 120

相关政策

国家税务总局关于印发《增值税若干具体问题的规定》的通知（国税发〔1993〕154号），第二条第一款规定：

纳税人为销售货物而出租出借包装物收取的押金，单独记账核算的，不并入销售额征税。但对因逾期未收回包装物不再退还的押金，应按所包装货物的适用税率征收增值税。

9.1.13　采购防疫物资捐赠免征增值税

根据《财政部 海关总署 税务总局关于防控新型冠状病毒感染的肺炎疫情进口物资免税政策的公告》（财政部公告2020年第6号）规定：适度扩大

《慈善捐赠物资免征进口税收暂行办法》规定的免税进口范围，对捐赠用于疫情防控的进口物资，免征进口关税和进口环节增值税、消费税。

【例 9-17】 明辰医疗有限公司从境外购买一批医用防护口罩捐赠给慈善总会，采购价格为 1 243 000 元，国内市场公允价格为含税价 226 000 元。

会计处理如下：

借：库存商品　　1 243 000

　贷：银行存款　　1 243 000

根据《关于支持新型冠状病毒感染的肺炎疫情防控有关捐赠税收政策的公告》（财政部 税务总局公告 2020 年第 9 号）规定：

“单位和个体工商户将自产、委托加工或购买的货物，通过公益性社会组织和县级以上人民政府及其部门等国家机关，或者直接向承担疫情防治任务的医院，无偿捐赠用于应对新型冠状病毒感染的肺炎疫情的，免征增值税、消费税、城市维护建设税、教育费附加、地方教育附加。”

纳税人捐赠给慈善总会防护口罩，符合上述规定，免征增值税等税费。会计处理如下：

借：营业外支出——捐赠支出　　1 243 000

　贷：库存商品　　1 243 000

假若明辰医疗有限公司从境内纳税人处采购，取得增值税专用发票会计处理如下：

借：库存商品　　11 000 000

　应交税费——应交增值税（进项税额）　　143 000

　贷：银行存款　　1 243 000

纳税人将防护口罩捐赠给慈善总会，免征增值税。

《财政部 国家税务总局关于全面推开营业税改征增值税试点的通知》（财税〔2016〕36 号，以下简称 36 号文件）附件 1《营业税改征增值税试点实施办法》第二十七条“下列项目的进项税额不得从销项税额中抵扣”规定：

“（一）用于简易计税方法计税项目、免征增值税项目、集体福利或者个人消费的购进货物、加工修理修配劳务、服务、无形资产和不动产。其中涉及的固定资产、无形资产、不动产，仅指专用于上述项目的固定资产、无形资产（不包括其他权益性无形资产）、不动产。”

因此，纳税人购进口罩时取得的进项税额不得抵扣，需要做“进项税额转出”，会计处理如下。

借：库存商品　　143 000

　　贷：应交税费——应交增值税（进项税额转出）　　143 000

纳税人捐赠给慈善总会防护口罩，符合免征增值税等的规定。会计处理如下。

借：营业外支出——捐赠支出　　1 243 000

　　贷：库存商品　　1 243 000

纳税人从微商处采购，未取得增值税发票。

（1）采购的税会处理。

借：库存商品　　1 243 000

　　贷：银行存款　　1 243 000

（2）增值税的税会处理。

纳税人捐赠给慈善总会防护口罩，符合免征增值税等的规定。会计处理如下：

借：营业外支出——捐赠支出　　1 243 000

　　贷：库存商品　　1 243 000

9.2 增值税发票管理

根据《中华人民共和国税收征管法》第二十一条，税务机关是发票的主管机关，负责发票印制、领购、开具、取得、保管、缴销的管理和监督。

单位、个人在购销商品、提供或者接受经营服务以及从事其他经营活动中，应当按照规定开具、使用、取得发票。

根据《中华人民共和国发票管理办法》第三十条的规定，税务机关在发票管理中有权进行下列检查：

（1）检查印制、领购、开具、取得、保管和缴销发票的情况；

（2）调出发票查验；

（3）查阅、复制与发票有关的凭证、资料；

（4）向当事各方询问与发票有关的问题和情况；

（5）在查处发票案件时，对与案件有关的情况和资料，可以记录、录音、录像、照相和复制。

9.2.1 发票定额核定

企业发票定额由税务机关核定，专用发票的最高开票限额不超过10万元，每月最高领用数量不超过25份；普通发票最高开票限额也不超过10万元，每月最高领用数量不超过50份。

当月开票量超过开票数量限制时，可以临时增量，或提高发票开票票面金额。税务规定了每个企业每月的发票购买数量，当月发票用完了，没有超量当月能再购买发票填开，如果超限量了可以申请增加。

需要注意的是，主管税务机关核定的最高开票限额，同时适用于增值税纸质专用发票、电子专用发票，发票票种核定的领用数量是指纸质专用发票和电子专用发票的合计，新办纳税人根据购货方的需要选择开具纸质专用发票或电子专用发票。

根据《国家税务总局关于全面实行税务行政许可事项清单管理的公告》(国税总局公告2022年19号）规定，对增值税防伪税控系统最高开票限额的审批属于税务行政许可项目。根据《关于修订〈增值税专用发票使用规定〉的通知》(国税发〔2006〕156号）规定，企业根据本身的实际经营情况，确定专用发票的最高限额。

判断有没有超量，要先看公司的开票限量，正常情况下，每个月的发票用量核准后，一般分两次领用。发票用量与每次的可领用量是两个不同的概念，当月内发票用完了，第二次购买发票未超过限量就不算增量。

例如：某纳税人核定的月发票用量是50份，而每次的领用量是25份，这种情况下，当月第一领用25份发票用完，第二次再领用25份，不算是增量；公司临时签了大额合同，开票金额较大的，税务也会建议临时发放高面额税票。大额发票是指国税超过5 000元的普通发票（含增值税普通发票）不包括增值税专用发票（可抵扣的），包括：增值税普通发票、新版普通发票、外省普通发票、外省增值税普通发票、机动车二手车普通发票。

大额普通发票是指，双方在交易过程中（不包括增值税）的完税凭证，大额是指本次交易总价超过5 000元人民币，所开具的完税凭证，定为大额普通发票。

超出数量限制是开不出发票来的，除非到税务局去提交情况说明，证明单位收入增长，需要增加购票量。

税务局在审批第一次发票的额度时有最高开票限额和月最高开票额，申请单见表 9-7。

表 9-7　发票申请表

<table>
<tr><td colspan="2">纳税人识别号</td><td colspan="6">（税务登记号或统一社会信用代码）</td></tr>
<tr><td colspan="2">纳税人名称</td><td colspan="6">（按税务登记证或营业执照的名称填写）</td></tr>
<tr><td colspan="2">领票人</td><td colspan="2">联系电话</td><td colspan="2">身份证件类型</td><td colspan="2">身份证件号码</td></tr>
<tr><td colspan="2"></td><td colspan="2"></td><td colspan="2"></td><td colspan="2"></td></tr>
<tr><td colspan="2"></td><td colspan="2"></td><td colspan="2"></td><td colspan="2"></td></tr>
<tr><td>发票种类名称</td><td>发票票种核定操作类型</td><td>单位（数量）</td><td>每月最高领票数量</td><td>每次最高领票数量</td><td>持票最高数量</td><td>定额发票累计领票金额</td><td>领票方式</td></tr>
<tr><td>增值税普通发票</td><td>新增</td><td>千元</td><td>25</td><td>25</td><td>25</td><td></td><td>验旧购新</td></tr>
<tr><td>增值税专用发票</td><td>新增</td><td>万元</td><td>50</td><td>50</td><td>50</td><td></td><td>验旧购新</td></tr>
<tr><td></td><td></td><td></td><td></td><td></td><td></td><td></td><td></td></tr>
<tr><td></td><td></td><td></td><td></td><td></td><td></td><td></td><td></td></tr>
<tr><td></td><td></td><td></td><td></td><td></td><td></td><td></td><td></td></tr>
<tr><td></td><td></td><td></td><td></td><td></td><td></td><td></td><td></td></tr>
<tr><td colspan="8">纳税人（签章）

经办人：　　　法定代表人（业主、负责人）：　　　填表日期：　　年　月　日</td></tr>
<tr><td colspan="8">发票专用章印模：</td></tr>
</table>

9.2.2 可抵扣进项税额的有效凭证

增值税进项税额抵扣有认证抵扣和计算抵扣两种方式，而增值税的抵扣是针对一般纳税人而言，小规模纳税人是用不到进项税额抵扣凭证的。经过整理，截至目前可以认证抵扣或者计算抵扣的凭证大致有10种。

1. 增值税抵扣凭证种类

增值税抵扣凭证种类见表9-8。

表9-8 增值税抵扣凭证种类一览表

抵扣凭证种类		出具方	抵扣金额	备注
1	增值税专用发票	销售方或通过税务机关代开	注明的增值税税额	
2	增值税电子普通发票	销售方或通过税务机关代开	注明的增值税税额	适用于纳税人取得的客运服务、道路通行费增值税电子发票的抵扣
3	机动车销售统一发票	销售方	注明的增值税税额	
4	海关进口增值税缴款书	海关	注明的增值税税额	进口环节的增值税是由海关代征的
5	税收缴款凭证	税务机关	注明的增值税税额	预缴税款、代扣代缴税收缴款、接受境外单位或者个人提供的应税服务时适用
6	农产品销售发票	销售方	买价×10%	（1）由卖方开具，不打印“收购”两字，主要有农场、农村合作社销售农产品时开具和农业生产者个人销售自产农产品，到税务机关代开的免税普通发票。 （2）买价，是指纳税人购进农产品在收购发票或者销售发票上注明的价款和按照规定缴纳的烟叶税。 （3）购进用于生产或者委托加工13%税率货物的农产品
7	农产品收购发票	购货方	买价×9%	（1）也适用于未分别核算用于生产销售或委托受托加工13%税率货物和其他货物服务的情形。 （2）收购发票是买方开具，发票左上角打印“收购”两字

续上表

抵扣凭证种类		出具方	抵扣金额	备注
8	道路、桥、闸通行费	高速公路及一级、二级公路依法收取通行费的相关单位	增值税电子普通发票上注明的增值税额	(1) 只有桥、闸的通行费抵扣属于计算抵扣。 (2) 收费公路通行费增值税电子普通发票需要经过认证才能抵扣（交通运输部、国家税务总局公告 2017 年第 66 号）。收费公路通行费不允许用开具的纸质收费凭证计算抵扣
		桥、闸等依法收取通行费的相关单位	桥、闸通行费发票上注明的金额÷(1+5%)×5%	
9	土地出让金省级以上（含）财政部门监（印）制的财政票据	政府相关部门	票据上注明的金额÷(1+9%)×9%	财政票据不是严格意义上的抵扣凭证，是房地产行业销售额的扣除项目
10	注明旅客身份信息的航空运输电子客票行程单、火车票、汽车票等	客运服务提供方	(1) 航空旅客运输进项税额＝(票价＋燃油附加费)÷(1＋9%)×9% (2) 铁路旅客运输进项税额＝票面金额÷(1＋9%)×9% (3) 公路、水路等其他旅客运输进项税额＝票面金额÷(1＋3%)×3%	(1) 对于取得未注明旅客身份信息的出租票、公交车票等，不得计算抵扣。 (2) 纳税人取得客运服务增值税电子普通发票的，为发票上注明的税额

2. 增值税发票管理

购买方要求销售方开具增值税发票提供信息如下：

(1) 开具增值税专用发票需要的信息。

购买方要求销售方开具增值税专用发票，需提供四项信息：名称（不得为自然人）、纳税人识别号、地址电话、开户行及账号。不需要提供营业执照、税务登记证、组织机构代码证、开户许可证、增值税一般纳税人登记表等相关证件或其他证明材料。销售方可去相应税务局官方网站查询采购方是否为一般纳税人。

若实际付款人（现金、刷卡、第三方支付平台等）属于其他个人，但要求开具专用发票的“购买方”为单位的，实务中一般不认为违背“三流一致”的原则。为了防止税务风险，涉及大宗采购时，可在“备注栏”注明实际付款人的名称和有效证件号码。

（2）开具增值税普通发票需要的信息。

销售方开具增值税普通发票的，如购买方为企业、非企业性单位（有纳税人识别号）和个体工商户，购买方栏的“名称”“纳税人识别号”为必填项，其他项目根据实际业务情况需要填写。

购买方为非企业性单位（无纳税人识别号）和消费者个人的，“名称”为必填项，其他项目可根据实际业务情况填写。如果消费者能将上述信息准确提供给商家，就可以开具增值税普通发票，不需要向销售方提供纳税人识别号、地址电话、开户行及账号信息，也不需要提供相关证件或其他证明材料。

开具增值税发票，要关注“三流一致”。所谓“三流”是指货物流、资金流、发票流。“三流一致”是指货物（或提供劳务的单位）、资金（所支付款项的单位）、发票（开具抵扣凭证的销货单位）的流向必须一致，否则不得抵扣增值税进项税额。在涉及增值税应税劳务、应税服务的情况下，货物流可能会被解释成劳务流、服务流。

相关政策

根据《关于增值税发票管理等有关事项的公告》（国家税务总局公告第33号）规定，2020年2月1日起，所有小规模纳税人可自开专票。

（1）所有小规模纳税人（其他个人除外）均可以选择使用增值税发票管理系统自行开具增值税专用发票。

（2）自愿选择自行开具增值税专用发票的小规模纳税人，税务机关不再为其代开。需要特别说明的是，货物运输业小规模纳税人可以根据自愿原则选择自行开具增值税专用发票；未选择自行开具增值税专用发票的纳税人，按照《国家税务总局关于发布货物运输业小规模纳税人申请代开增值税专用发票管理办的公告》（国家税务总局公告2017年第55号，国家税务总局公告2018年第31号修改并发布）相关规定，向税务机关申请代开。

（3）自愿选择自行开具增值税专用发票的小规模纳税人销售其取得的不动产，需要开具增值税专用发票的，税务机关不再为其代开。

9.2.3 增值税专用发票认证税务风险防范

实务中，发票认证主要有以下几种方式：

（1）网上“勾选认证”。网上认证比较方便，效率较高，但并非所有企业都允许适用这种方式。

（2）自购终端“扫描认证”。企业可购买增值税专用发票认证专用设备，每年有服务费，相对便利一些。自行认证通不过的，可以去办税大厅通过税务机关工作人员认证。

（3）去办税大厅“扫描认证”。不具备上述条件的纳税人可以选择去国税局大厅进行“扫描认证”，一般通过办税大厅的自助认证终端进行，也可以通过大厅前台工作人员认证。经常需要排队，时间成本较高。

相关政策

根据《关于扩大小规模纳税人自行开具增值税专用发票试点范围等事项的公告》（国家税务总局公告2019年第8号）规定，从2019年3月1日起，勾选认证不再限制于纳税信用A级、B级、C级、M级的增值税一般纳税人，而是扩大到所有一般纳税人（包括D级）。可勾选认证的增值税发票包括：增值税专用发票、机动车销售统一发票、收费公路通行费增值税电子普通发票。

增值税专用发票认证存在以下问题：

1. 认证不符：发票的认证是指税务机关对纳税人取得的防伪税控系统开具的专用发票抵扣联，利用扫描仪自动采集其密文和明文图像，运用识别技术将图像转换成电子数据，然后对发票密文进行解密，并与发票明文逐一核对，以判别其真伪的过程，也只有认证了才可以抵扣税金。通过认证的发票可以抵扣进税项额。

所谓认证不符是指打印在增值税专用发票抵扣联票面上的密文，经解密后的数据与同一增值税专用发票票面上的“发票代码”“发票号码”“开票时间”“购货方纳税人识别号”“销货方纳税人识别号”“金额”“税额”等数据有一项或多项不符，或增值税专用发票购货方纳税人识别号与所申报企业纳税人识别号不一致。

2. 重复认证：是指企业拿已经认证相符的发票抵扣联，再次到税务机关进行认证。

3. 无法认证：是指打印在增值税专用发票抵扣联票面上的密文或票

面上的“发票代码”“发票号码”“开票时间”“购货方纳税人识别号”“销货方纳税人识别号”“金额”“税额”等七项数据有一项或多项由于污损、褶皱等原因无法辨认，导致防伪税控认证子系统不能产生认证结果。

4. 纳税人识别号认证不符：是指发票所列购货方纳税人识别号与申报认证企业的纳税人识别号不符。

5. 比对不符：是指发票抵扣联与发票存根联数据的开票日期，购货单位纳税人识别号、销货单位纳税人识别号、金额合计、税额合计五要素中存在不同。不符的优先级次序为：税额、金额、购货单位纳税人识别号、销货单位纳税人识别号、开票日期。

6. 缺联：是指系统内有抵扣联而无存根联并且按法规不需留待下期继续比对的发票。

7. 抵扣联重号：是指系统内存在两份或两份以上相同发票代码和号码的发票抵扣联。

8. 失控：是指在与全国失控、作废发票库比对中发现属于失控发票的抵扣联。

9. 作废：是指在与全国失控、作废发票库比对中发现属于作废发票的抵扣联。

10. 缺红字抵扣联：是指系统内有红字存根联而无红字抵扣联并且按法规不需留待下期继续比对的发票。

11. 避免取得失控发票：一般来说，如果一个企业老板走逃了，或者严重逾期未报税，那么它公司的发票，包括开具出去和还没有开具的全都会被定为“失控发票”。法规规定，只要是取得失控发票的企业一律先做进项税转出，不予以抵扣。

根据《国家税务总局关于加强税务机关代开增值税专用发票管理问题的通知》(国税函〔2004〕1404号）第四条规定：“对实行定期定额征收方法的纳税人正常申报时，按以下方法进行清算：

(1) 每月开票金额大于应征增值税税额的，以开票金额数为依据征收税款，并作为下一年度核定定期定额的依据。

(2) 每月开票金额小于应征增值税税额的，按应征增值税税额数征收税款。

9.2.4 增值税专票滞留风险处理

税务局一直关注企业增值税专用发票滞留的问题，依靠金税三期强大的数据分析能力，企业任何不规范的行为，都避无可避。税务局所说的“滞留票”是指销售方开出增值税专用发票，并且完成抄税、报税，但购货方一直未认证抵扣，从而在税务系统中滞留。有的企业有大量的滞留票未抵扣，很容易引起税务局的警惕，怀疑企业账外经营等。

企业取得的增值税专用发票，并非所有发票的进项税额都可抵扣销项税额，如《财政部 国家税务总局关于全面推开营业税改征增值税试点的通知》（财税〔2016〕36号）规定，下列项目的进项税额不得从销项税额中抵扣：

> （一）用于简易计税方法计税项目、免征增值税项目、集体福利或者个人消费的购进货物、加工修理修配劳务、服务、无形资产和不动产。其中涉及的固定资产、无形资产、不动产，仅指专用于上述项目的固定资产、无形资产（不包括其他权益性无形资产）、不动产。纳税人的交际应酬消费属于个人消费……
>
> …………
>
> （六）贷款服务、餐饮服务、居民日常服务和娱乐服务。

购入的旅客运输服务是可以抵扣的。《财政部 税务总局 海关总署关于深化增值税改革有关政策的公告》（财政部 税务总局 海关总署公告2019年第39号）第六条规定，纳税人购进国内旅客运输服务，其进项税额允许从销项税额中抵扣。纳税人取得增值税专用发票的，以发票上注明的税额为进项税额。

还有一些原因，如发票丢失未认证、销货方拒绝提供发票、收票方为小规模纳税人等。

例如，“五一”劳动节到了，飞鹤制造厂为员工采购如下物品，见表9-9，作为福利发放给员工。取得增值税专用发票，因作为福利，增值税专用发票不能抵扣。因为会计未在当期增值专用发票系统中认证抵扣，也未做进项税额转出处理，产生了5份滞留票，在系统中留下疑点。

表9-9 物品清单

序号	名称	数量	单位	单价	金额	税额	价税合计	用途
1	空气加湿器	100	台	158.20	14 000	1 820	15 820	员工

续上表

序号	名称	数量	单位	单价	金额	税额	价税合计	用途
2	黑木耳	100	千克	87.20	8 000	720	8 720	员工
3	红枣	100	千克	54.50	5 000	450	5 450	员工
4	洗涤用品	100	个	226	20 000	2 600	22 600	员工
5	合计	—	—	—	47 000	5 590	52 590	—

（1）为避免出现滞留票，编制会计分录如下。

借：应付职工薪酬——职工福利费　　47 000

　　应交税费——待认证进项税额　　5 590

　　贷：银行存款　　52 590

（2）当期对上述发票进行认证后。

借：应交税费——应交增值税（进项税额）　　5 590

　　贷：应交税费——待认证进项税额　　5 590

（3）进项税额转出处理。

借：应付职工薪酬——职工福利费　　5 590

　　贷：应交税费——应交增值税（进项税额转出）　　5 590

次月，在填报上期增值税纳税申报表时，在附表二“本期认证相符本期申报抵扣”栏填列本期论证相符的进项税额，同时将上述不得抵扣的金额在该表的下方“二、进项税额转出额”中的“集体福利、个人消费”中填列。

9.2.5 虚开增值税发票的风险防控

为了防止虚开增值税发票，应从以下方面进行防控。

一是“货物流”的把控。通过分析销货方（或购货方）生产报表中的原材料消耗量、耗电量等指标，推算企业的产品产量（或入库商品）是否属实。将货物出库单（或入库单）、货运单据等与企业留存的发票各联相核对，确认增值税发票中的内容是否属实。

二是“资金流”的把控。将银行存款账、销售收入账、生产成本账，往来账相核对，从资金流的角度，核实增值税发票的金额是否与实际情况相符。

三是“发票流”的把控。将销贷方存根联、记账联与购货方的发票联、抵扣联相核对，看发票中的项目是否一致，将购销双方的会计账目以及货物出库单、入库单、货运单等相核对，从时间、数量、金额等方面，检查有无异常情况。将销货方或购货方留存的增值税发票、纳税申报表与税务机关的税控系统内的数据相核对，重点核实发票号、缴税时间、数量、金额等项目是否与税务机关系统内的相关内容相吻合。

总之，防控虚开增值税发票的风险，重点在核实增值税发票内容的真实性，手段是借鉴“三流一致”的原则要求。

有的企业管理精细，把“合同流”也作为控制的重点，这样更能在过程中防止虚开风险。实务中，出现合同和付款不一致，可以签订三方协议约定执行。签订合同时，一定要注意细节问题和兜底条款，规定对方开专票还是普票，开专票的税率、含税金额、付款方式、银行账户名称、最主要是货物运输方式。另外，建议在合同中加入条款：因对方开具的发票造成的损失，由对方承担责任。

政策解读：税务局对未取得发票企业的处理

企业采购物品，未按规定取得合规的票据，税务机关检查时有可能按照《中华人民共和国发票管理办法》及实施细则予以处罚。

国家税务总局公告 2019 年第 38 号对异常发票管理作了更严格的细化规定：

1）对于非 A 级纳税人，取得异常发票的，一律不得抵扣或出口退税。已经抵扣的（包括免抵退），先行转出进项税额。已经按照出口免退税（而非免抵退）退税的，追回已退税款。

2）非 A 级纳税人按照 1）处理完毕后，可以提交税务机关相应证据，证明交易的真实性，经税务机关认可后恢复发票的合法性，从而恢复抵扣专用发票进项税额或出口退税。

3）A 级纳税人，可以直接按照 2）处理，而无须不论三七二十一按 1）作先行转出或补税处理。

4）涉及购进应税消费品扣除消费税的，参照增值税执行。

第 10 章　企业所得税和个人所得税税务风险防范

税务机关重点检查企业少计收入，多计成本的行为。

10.1　企业所得税税前扣除风险

企业所得税税前扣除风险主要集中在成本与费用的扣除标准上，财务人员由于不熟悉哪些项目可以税前扣除，哪些不可以税前扣除，容易引发税务风险。

10.1.1　工资计税依据

《国家税务总局关于企业工资薪金及职工福利费扣除问题的通知》(国税函〔2009〕3 号）文件规定，“工资、薪金总额”，是指企业实际发放的工资、薪金总和，不包括企业的职工福利费、职工教育经费、工会经费以及养老保险费、医疗保险费、失业保险费、工伤保险费、生育保险费等社会保险费和住房公积金。属于国有性质的企业，其工资、薪金，不得超过政府有关部门给予的限定数额；超过部分，不得计入企业工资、薪金总额，也不得在计算企业应纳税所得额时扣除。

上述文件对工资、薪金的扣除，都强调实际发放，其范围也仅指工资、薪金。因此，税法上的工资、薪金规定范围比《企业会计准则》的“职工薪酬”核算范围小。企业在计算所得税工资、薪金总额时，务必至少把握下面几个事项内容：

一是实际工资、薪金总额是计算税法规定的职工福利费、职工教育经费、工会经费以及其他相关指标税前扣除限额的基本依据。企业应当通过“应付职工薪酬——工资”科目对工资、薪金总额进行单独核算；

二是不合理的工资、薪金即使实际发放也不得扣除，如国有性质的企业超过政府有关部门给予的限定数额部分的工资、薪金，不得扣除；

三是超标的工资、薪金本身不得纳入所得税税前扣除的“工资、薪金总额”之中。

工资计算不准确，扩大工资总额。主要表现为：有的不该列入应付工资总额的独生子女补贴，职工调动工作的旅费和安家费、职工离退休支出、劳动保护费、纳税人负担的住房公积金、职工生活困难补助、探亲路费等列支于工资总额，扩大工资总额；有的虽然工资总额项目内容正确，却在工资加计总数时浑水摸鱼，扩大工资总额。

利用工资费用调节成本，调控利润。主要表现为：有的单位为了调节当期损益，将不该列入工资费用的费用列入工资费用，将不该列入生产成本的工资列入了生产成本，在管理费用和制造费用之间进行调节；有的单位偏离了工资分配的正确分配方法，在完工产品和在产品之间进行调节，在主要产品和在建工程之间进行调节，从而调节成本，达到调控利润的目的。

企业计提的未实际支出的工资薪金，长期挂在其他应付款科目，一直未实际支付，存在企业所得税税前不得扣除的风险。

比如：2×20 年企业计提工资、薪金 34 万元，一直尚未实际支付。

账务处理：

借：管理费用——工资薪金　　　　340 000

　　贷：其他应付款——工资薪金　　　　340 000

提醒：企业提取但未实际支付的工资薪金支出 34 万元不得税前扣除。

企业计提的未实际支出的补充养老保险费、补充医疗保险费，长期挂在其他应付款科目，一直未实际支付，存在企业所得税税前不得扣除的风险。

相关政策

> 根据《中华人民共和国企业所得税法实施条例》第三十四条规定，企业发生的合理的工资薪金支出，准予扣除。

因此，即使企业计提了职工的工资，但没有发放，也不能在企业所得税税前扣除。

10.1.2　工会经费的计税依据

工会经费的计缴依据是企业全月职工的工资总额，按 2%上缴。根据

《中华人民共和国企业所得税法实施条例》第四十一条，企业拨缴的工会经费，不超过工资薪金总额2%的部分，准予扣除。与工资薪金一样，准予税前扣除的工会经费必须是企业已经实际“拨缴”的部分，对于账面已经计提但未实际“拨缴”的工会经费，不得在纳税年度内税前扣除。

10.1.3 职工福利费扣除标准

企业的职工福利费，包括以下内容：

(1) 尚未实行分离办社会职能的企业，其内设福利部门所发生的设备、设施和人员费用，包括职工食堂、职工浴室、理发室、医务所、托儿所、疗养院等集体福利部门的设备、设施及维修保养费用和福利部门工作人员的工资薪金、社会保险费、住房公积金、劳务费等。

(2) 为职工卫生保健、生活、住房、交通等所发放的各项补贴和非货币性福利，包括未实行医疗统筹企业职工医疗费用、职工防暑降温费、职工困难补贴、救济费、职工食堂经费补贴、职工交通补贴等。

(3) 按照其他规定发生的其他职工福利费，包括丧葬补助费、抚恤费、安家费、探亲假路费等。

企业发生的职工福利费，应该单独设置账册，进行准确核算。应严格区分福利费与其他费用的列支和扣除口径，既不能将诸如内设福利部门的设备购置、修理费，发放的交通补贴等应在职工福利费中列支的费用改在管理费用等科目中列支；更不能把职工旅游支出，为客户购买的礼品等费用支出，应由职工个人承担的社会保险金、代缴的个人所得税等不属于福利费开支范围的费用作为福利费列支。企业按月按标准发放给职工的住房补贴、交通补贴或车改补贴、通讯补贴，给职工发放的节日补助、未统一供餐而按月发放的午餐费补贴，均应当纳入职工工资总额，不再计入福利费。

根据《财政部关于企业加强职工福利费财务管理的通知》(财企〔2009〕242号）规定，按月按标准发放或支付的住房补贴、交通补贴或者车改补贴、通信补贴，应当纳入职工工资总额，不再纳入职工福利费管理。

企业发生的职工福利费支出，不超过工资、薪金总额14%的部分，准予扣除。

《国家税务总局关于企业工资薪金和职工福利费等支出税前扣除问题的公告》（国家税务总局公告2015年第34号）规定：列入企业员工工资薪金制度、固定与工资薪金一起发放的福利性补贴，符合《国家税务总局关于企业工资薪金及职工福利费扣除问题的通知》（国税函〔2009〕3号）第一条规定的，可作为企业发生的工资薪金支出，按规定在税前扣除。

不能同时符合上述条件的福利性补贴，应作为国税函〔2009〕3号文件第三条规定的职工福利费，按规定计算限额税前扣除。

10.1.4 其他成本费用扣除标准

1. 职工教育经费

企业实际发生的职工教育经费支出，不超过实际支付的工资薪金总额8%的部分，准予扣除；超过部分，准予在以后纳税年度结转扣除。软件生产企业发生的职工教育经费中的职工培训费用，可以据实全额税前扣除。

以上费用扣除标准见表10-1。

表10-1 扣除标准

费用项目	扣除标准	超过标准的部分
职工福利费	不超过工资薪金总额14%的部分	不得扣除
工会经费	不超过工资薪金总额2%的部分	不得扣除
职工教育经费	不超过工资薪金总额8%的部分	准予在以后纳税年度结转扣除

【例10-1】 嘉诚公司全年计入成本、费用中的实发工资总额14 500 000元，并按照实发工资规定的比例计算提取了2%的职工工会经费（实际拨缴370 000元）、8%的职工教育经费（实际发生额1 280 000元），职工福利费没有计提，按实际发生额1 740 000元计入了成本费用。见表10-2。

表10-2 “三费”扣除标准 单位：元

项目	实际发生数	扣除标准	税法可扣除数	会计入账数	纳税调整数
工会经费	370 000	14 500 000×2%=290 000	290 000	370 000	+80 000
职工教育经费	1 280 000	14 500 000×8%=1 160 000	1 160 000	1 280 000	+120 000
职工福利费	1 740 000	14 500 000×14%=2 030 000	2 030 000	1 740 000	0

2. 业务招待费

企业发生的与生产经营活动有关的业务招待费支出，按照发生额的60%扣除，但最高不得超过当年销售（营业）收入的5‰。

招待费按发生额的60%与销售收入的5‰“孰低值”扣除，见表10-3。

表10-3　招待费扣除标准

	实际发生额×60%且不超过销售（营业）收入×5‰（孰低原则）
业务招待费扣除	例如：甲纳税人某年销售收入13 450 000元
	实际发生业务招待费106 340元 扣除标准1：销售（营业）收入×5‰＝13 450 000×5‰＝67 250（元） 扣除标准2：实际发生额的60%＝106 340×60%＝63 804（元） 税上扣除限额为63 804元（实际未超过63 804元的可以据实扣除，超过了，不能扣除）。结论：税前可扣除63 804元

3. 广告费和业务宣传费

企业发生的符合条件的广告费和业务宣传费支出，除国务院财政、税务主管部门另有规定外，不超过当年销售（营业）收入15%的部分，准予扣除；超过部分，准予在以后纳税年度结转扣除。

（1）广告费与业务宣传费实行合并扣除。

化妆品、医药和饮料企业发生的广告费和业务宣传费支出，不超过当年销售（营业）收入30%的部分，准予扣除；超过部分，准予在以后纳税年度结转扣除（该政策执行期自2021年1月1日至2025年12月31日）。

（2）烟草企业的烟草广告费和业务宣传费支出，一律不得扣除。

（3）对关联企业的广告宣传费，可按分摊协议归集扣除。

业务招待费、广告费和业务宣传费的计算基数是相同的，包括主营业务收入＋其他业务收入＋视同销售收入，但不包括营业外收入和投资收益，不包括税收上其他调整收入。

广告费支出与赞助支出应区分，与生产经营无关的非广告性质的赞助费在所得税前不得列支，见表10-4。

表10-4　广告费与业务宣传费合并计算

标准	不超过当年销售（营业）收入15%以内的部分，准予扣除；准予在以后纳税年度结转扣除。（超标部分当年不允扣以后允扣）

续上表

广告费支出扣除	例如：某制药厂2×21年销售产品收入29 400 000元，其他业务收入2 340 000元，广告费支出5 460 000元，业务宣传费1 350 000元，则计算2×21年允许税前扣除的广告费和业务宣传费是多少？
	广告费和业务宣传费扣除标准＝(29 400 000＋2 340 000)×15%＝4 761 000(元) (实际支出超过4 761 000元，也只能扣4 761 000元)广告费和业务宣传费实际发生额＝5 460 000＋1 350 000＝6 810 000(元)，超标准6 810 000－4 761 000＝2 049 000(元) 结论：只允许扣除4 761 000元。

4. 利息支出

(1) 非金融企业向金融企业借款的利息支出、金融企业的各项存款利息支出和同业拆借利息支出、企业经批准发行债券的利息支出，准予扣除。

(2) 非金融企业向非金融企业借款的利息支出，不超过按照金融企业同期同类贷款利率计算的数额的部分，准予扣除；超过的部分，不得扣除。

(3) 借款费用税前扣除标准，见表10-5。

表10-5　借款费用税前扣除标准

标准	向非金融机构借款利息支出标准；向金融机构借款利息支出标准
利息支出扣除	例如：某公司2×21年度"财务费用"账户列支两笔利息费用：①向银行借入生产用资金2 500 000元，借款利率为5.5%，借款期限6个月，支付借款利息5万元；②经批准向本企业职工借入生产用资金1 860 000元，借用期限10个月，支付借款利息71 240元。请计算该公司2×21年度允许税前扣除的利息支出。
	①银行借款，实际利息支出＝2 500 000×5%×6÷12＝62 500(元)。税法规定，利息支出准予扣除，因此该项借款允许税前扣除的利息为62 500元。 ②本企业职工借款，税法规定，向非金融机构借款利息支出不超过同类同期贷款利息计算的部分允许扣除；超过部分不予税前扣除。同类同期贷款利息＝1 860 000×5.5%×10÷12＝85 250(元)；因此，允许税前扣除85 250元。 结论：当处允许税前扣除的利息支出＝62 500＋85 250＝147 750(元)

5. 税金

纳税人按照规定缴纳的消费税、资源税、土地增值税、关税、城市维护建设税、教育费附加，以及按照规定缴纳的房产税、车船税、土地使用税、印花税等，可以税前扣除。企业缴纳的增值税属于价外税，不得扣除。

企业缴纳的所得税、为职工代缴的个人所得税，不得扣除，见表10-6。

表 10-6　企业缴纳的所得税、为职工代缴的个人所得税

准予扣除的税金的方式		可扣除税金举例
在发生当期扣除	通过计入税金及附加在当期扣除	消费税、城市维护建设税、出口关税、资源税、土地增值税、教育费附加、房产税、车船税、城镇土地使用税、印花税等
在发生当期计入相关资产的成本，在以后各期分摊扣除		车辆购置税、契税、耕地占用税等

6. 损失

企业在生产经营活动中发生的固定资产和存货的盘亏、毁损、报废损失，转让财产损失，呆账损失，坏账损失，自然灾害等不可抗力因素造成的损失以及其他损失，可以税前扣除。

企业发生的损失，减除责任人赔偿和保险赔款后的余额，依照国务院财政、税务主管部门的规定扣除。

企业已经作为损失处理的资产，在以后纳税年度又全部收回或者部分收回时，应当计入当期收入。

企业从事生产经营之前进行筹办活动期间发生的筹办费用支出，不得计算为当期的亏损。企业可以在开始经营之日的当年一次性扣除，也可以按照新税法有关长期待摊费用的处理规定处理。

企业会计准则规定，筹建期间发生的开办费直接计入当期损益。

7. 其他支出

(1) 借款费用。

① 企业在生产经营活动中发生的合理的不需要资本化的借款费用，准予扣除。

② 企业为购置、建造固定资产、无形资产和经过 12 个月以上的建造才能达到预定可销售状态的存货发生的借款费用，应当作为资本性支出计入有关资产的成本，按规定扣除。

(2) 专项资金。

企业依照法律、行政法规有关规定提取的用于环境保护、生态恢复等方面的专项资金，准予扣除。

上述专项资金提取后改变用途的，不得扣除。

(3) 劳动保护支出

企业发生的合理的劳动保护支出，准予扣除。

(4) 手续费及佣金支出。①财产保险企业按当年全部保费收入扣除退保金等后余额的15%计算限额；人身保险企业按当年全部保费收入扣除退保金等后余额的10%计算限额。超过限额部分，不得扣除。②其他企业按与具有合法经营资格的中介服务机构或个人（不含交易双方及其雇员、代理人和代表人等）所签订服务协议或合同确认的收入金额的5%计算限额。超过限额部分，不得扣除。

8. 公益性捐赠支出

企业发生的公益性捐赠支出，在年度会计利润总额12%以内的部分，准予在计算应纳税所得额时扣除；超过年度利润12%的部分，准予结转以后三年内在计算应纳税所得额时扣除。

公益性捐赠支出与赞助支出不同。公益性捐赠支出必须通过公益性社会团体或者县级以上人民政府及其部门转赠。直接向受赠人进行的捐赠视为赞助支出，不得扣除。

企业在纳税年度内出现亏损，当年发生的公益性捐赠支出，不得扣除。

【例10-2】 春苗小额贷款有限公司（一般纳税人）通过民政局向灾区捐赠钱900 000元，已取得民政局开具的公益性捐赠票据。假定该厂当年实现利润总额6 900 000元。

捐赠扣除限额 = 6 900 000 × 12% = 828 000（元）

而实际捐赠额为900 000元，超过扣除限额。故当年可在税前扣除的捐赠额为828 000元。

10.2 税收减免管理办法及税务风险防范

2019年以来，国家颁布了很多税收减免政策，企业财务人员可查询《减免税政策代码目录》，确定享受减免税项目。

10.2.1 税收减免的形式

税收减免包括税基式减免、税率式减免、税额式减免。

（1）税基式减免，是指通过直接缩小计税依据的方式实现的减税、免税，包括起征点、免征额、项目扣除和跨期结转等。如个人所得税起征点由 3 500 元提升到 5 000 元，就是税基式减免。

（2）税率式减免，是指通过直接降低税率的方式实现的减税、免税，包括低税率、零税率等。如《财政部 税务总局关于实施小微企业普惠性税收减免政策的通知》（财税〔2019〕13 号），对小规模纳税人、小型微利企业在增值税、企业所得税方面给予税率减免优惠。

（3）税额式减免，是指通过直接减少应纳税额的方式实现的减税、免税，包括全部免征、减半征收、核定减免率等。目前，税额式减免比较多，如果企业是农业生产者，100%减免增值税。但从事饲料生产的企业只免增值税，不免企业所得税。

10.2.2 减免税审核的方法

根据《税收减免管理办法》，减免税分为核准类减免税和备案类减免税。核准类减免税是指法律、法规规定应由税务机关核准的减免税项目；备案类减免税是指不需要税务机关核准的减免税项目。

不管是核准类还是备案类事项，税务机关都需要对纳税人递交的资料进行审核把关：核准类事项，需要审核纳税人提供材料与减免税法定条件的相关性；备案类事项，需要审核纳税人提供资料的完整性。只有审核通过的方能完成减免税事项的办理，如审核发现属于不需要由税务机关核准后执行的，申请的减免税材料存在错误的，申请的减免税材料不齐全或者不符合法定形式等情况，税务机关将即时告知，纳税人应根据具体情况作进一步处理。

除审核纳税人已提交的减免税材料外，税务机关也将通过要求纳税人提供印证材料、实地核查、与专业技术或经济鉴证部门协调沟通等方式，核实纳税人减免税企业的实际经营情况是否与政策规定相一致。如发现纳税人实际经营情况不符合减免税规定条件的或者采用欺骗手段获取减免税的、享受减免税条件发生变化未及时向税务机关报告的，以及未按规定履行相关程序自行减免税的，税务机关依照税收征管法有关规定予以处理。

备案类减免税是法律、行政法规明确规定的减免税，只要达到相应条件，就可以享受相应的减免税待遇，纳税人只需向主管税务机关申报有关资料备案而无须审批；核准类减免税是纳税人根据相应的政策规定向税务机关提出申请，税务机关按照规范的程序和权限审核后确认批准的减免税，备案登记表见 10-7。

表 10-7　备案类减免税纳税人减免税备案登记表

<table>
<tr><td>纳税人识别号</td><td colspan="4"></td><td>纳税人名称</td><td colspan="3"></td></tr>
<tr><td colspan="5">（以下由纳税人填写）</td><td colspan="4">（以下由税务机关填写）</td></tr>
<tr><td>税（费）种</td><td>减免政策依据</td><td>减免项目</td><td>减免期限起</td><td>减免期限止</td><td>减免性质代码及名称</td><td>优惠事项代码及名称</td><td>减免方式代码及名称</td><td>减免申报填报类型代码及名称</td></tr>
<tr><td></td><td></td><td></td><td></td><td></td><td></td><td></td><td></td><td></td></tr>
<tr><td colspan="5">附报资料</td><td colspan="4" rowspan="2">受理税务机关（章）：
受理人（章）：</td></tr>
<tr><td colspan="5">纳税人签章：
法定代表人（负责人）：
经办人：</td></tr>
</table>

1. 当期直接减免的增值税会计处理

【例 10-3】　甲企业是增值税一般纳税人，2×21 年 1 月缴纳 2×20 年度税控机技术维护费 650 元，账务处理如下：

（1）缴纳时。

借：管理费用　　650

　　贷：银行存款　　650

（2）按规定抵减的增值税应纳税额。

借：应交税费——应交增值税（减免税款）　　650

　　贷：管理费用　　650

2. 即征即退账务处理

所谓即征即退，指的是交了增值税之后，税务局根据税法规定给退税。

一般纳税人提供管道运输服务，对增值税实际税负超过 3%的部分实行增值税即征即退政策。

【例 10-4】　某管道运输企业为增值税一般纳税人，取得管道运输服务收入 90 000 元，销项税额是 8 100 元。假定实际缴纳增值税 5 000 元。该企业享受即征即退税收优惠政策。

应退税额 = 5 000 − 90 000 × 3% = 2 300（元）

发生了销售服务时，账务处理如下。

借：银行存款	98 100	
贷：主营业务收入		90 000
应交税费——应交增值税（销项税额）		8 100

退税时。

借：银行存款	2 300	
贷：其他收益		2 300

第 11 章　税务风险预警与税务检查

税务风险预警指标是税务局监控企业的手段之一，税务预警指标很多，税负率只是基本指标，此外，还有其他预警指标，如增值税收入与企业所得税收入不一致预警、存货扣税比异常、预收账款占比过大、所得税贡献率异常等，这些预警指标出现异常，都可能引发税务检查或税务稽查。

11.1　税务局如何判断企业税负率

税务预警，也称税务风险预警，税务机关通过金税三期征管软件预警评估系统，每月对企业各项资料进行数据信息和逻辑关系分析，对纳税人进行内部税务预警。税务局会根据当地每个行业内各家企业每年的增值税缴纳税负率，计算出这个行业的平均税负率。

税负率是税务局衡量企业税负的一个重要指标，金税三期系统也是依靠税负率指标过高或过低发出预警的。税负率一般指企业在某个时期内的税收负担的大小，一般用税收占收入的比重来进行衡量。大部分企业是每个月都需要申报增值税的，只有控制好每个月的税负率，才能保证全年的税负率在正常水平之内。最常用的税负率为增值税税负率和所得税税负率，通过税负率的计算、比较、分析，并判断企业的税负是否存在异常。

11.1.1　增值税税负率计算与参考指标

对小规模纳税人来说，增值税税负率就是征收率，即 3%；而对一般纳税人来说，由于可以抵扣进项税额，税负率远远低于 13%、9%或 6%。增值税税负率计算公式如下：

本期增值税税负率＝本期应纳增值税÷本期销售收入×100%

本期应纳增值税额＝当期销项税额－实际抵扣进项税额

影响销项税额的因素包括销售额、增值税税率等，影响实际抵扣的进项税因素可能会涉及期初留抵税额、本期进项税额、进项税额转出等。

企业如何控制本月的税负率呢，按以下公式计算：

本期应缴纳的增值税额＝本期销项税额－（上期留抵税额＋本期进项税额）

本期销项税额一般都是在确认收入时产生的税额，是固定的；上期留抵税额也是固定，财务人员只要通过本期进项税额调整本期应缴纳的增值税额，从而控制本期税负率。目前，发票的认证期 360 天，在 360 天内认证即可。假设企业当月收到 100 份增值税专用进项发票，若使税负率上升时，少认证进项税额发票，即当月要多交税；若使税负率下降时，就多认证进项税额发票，即当月要少交税。

根据不同行业，不同地区，税务局会设定税负预警指标。表 11-1 为不同行业增值税预警税负率，仅供参考，因为预警指标是变动指标。

表 11-1　不同行业增值税预警税负率（仅供参考）

行　业	税负率	行　业	税负率
农副食品加工	3.50%	非金属矿物制品业	5.50%
食品饮料	4.50%	金属制品业	2.20%
纺织品（化纤）	2.25%	机械交通运输设备	3.70%
纺织服装、皮革羽毛（绒）及制品	2.91%	电子通信设备	2.65%
造纸及纸制品业	5.00%	工艺品及其他制造业	3.50%
建材产品	4.98%	电气机械及器材	3.70%
化工产品	3.35%	电力、热力的生产与供应	4.95%
医药制造业	8.50%	商业批发	0.90%
卷烟加工	12.50%	商业零售	2.50%
塑料制品业	3.50%	其他	3.50%

除了行业税负率外，企业应关注自身增值税税负变动，如果税负率变动过大，容易引发税务预警。

1. 税负变动率

检查增值税一般纳税人税负变动异常的指标为税负变动率，计算公式如下：

税负变动率＝(本期税负－上期税负)÷上期税负×100%

税负＝应纳税额÷应税销售收入×100%

税务系统设定的预警值为±30%

如果企业税负变动过大，税务局有理由怀疑企业可能存在账外经营、已实现纳税义务而未结转收入、取得进项税额不符合规定、享受税收优惠政策期间购进货物不取得可抵扣进项税额发票等问题。

例如，某企业上期税负率为2%，本期税负率为1%，则税负变动率：

税负变动率＝(1%－2%)÷2%×100%＝－50%

超过税务局设定的预警值±30%，企业肯定会被预警。

2. 进项税额大于进项税额控制额

进项税额大于进项税额控制额计算公式：

指标值＝(本期进项税额÷进项税额控制额－1)×100

进项税额控制额＝（本期期末存货金额－本期期初存货金额＋本期主营业务成本）×本期外购货物税率＋本期运费进项税额合计

税务局系统将企业申报进项税额与进项税额控制额进行比较，若申报进项税额大于进项税额控制额，税务局认为企业可能存在虚抵进项税额的问题。

进项税额大于进项税额控制额预警值为10%。

3. 进项税额变动率高于销项税额变动率

进项税额变动率高于销项税额变动率计算公式：

指标值＝(进项税额变动率－销项税额变动率)÷销项税额变动率

进项税额变动率额＝(本期进项税额－上期进项税额)÷上期进项税额

销项税额变动率＝(本期销项税额－上期销项税额)÷上期销项税额

进项税额变动率高于销项税额变动率预警值为10%，达到此预警值，税务局可能认为企业存在少计收入或虚抵进项税额。

11.1.2 企业所得税税负率计算与参考指标

企业所得税税负率，为年度交纳所得税税额占该企业收入总额的百分比。

本期的所得税税负率＝本期应纳所得税额÷本期销售收入×100%

本期应纳所得税＝应纳税所得额×税率－减免税额－抵免税额

其中，应纳税所得额可以由收入直接计算，也可以由会计利润调整而来，一般选择会计利润进行调整。

企业所得税税负＝(1－企业税负率)÷行业税负率×100%

不同行业的企业预警税负率是不同的，表 11-2 仅供参考。

表 11-2　不同行业企业所得税预警税负率

行业	税负率	行业	税负率	行业	税负率
租赁业	1.50%	其他制造业——管业	3.00%	工艺品及其他制造业	1.50%
专用设备制造业	2.00%	其他制造业	1.50%	废弃资源和废旧材料回收加工业	1.50%
专用技术服务业	2.50%	其他建筑业	1.50%	非金属矿物制品业	1.00%
专用机械制造业	2.00%	其他服务业	4.00%	纺织业——袜业	1.00%
造纸及纸制品业	1.00%	其他采矿业	1.00%	纺织业	1.00%
印刷业和记录媒介的复制印刷	1.00%	毛革、毛皮、羽毛（绒）及其制品业	1.00%	纺织服装、鞋、帽制造业	1.00%
饮料制造业	2.00%	批发业	1.00%	房地产业	4.00%
医药制造业	2.50%	农副食品加工业	1.00%	电气机械及器材制造业	2.00%
畜牧业	1.20%	农、林、牧、渔服务业	1.10%	电力、热力的生产和供应业	1.50%
通用设备制造业	2.00%	木材加工及木、竹、藤、棕、草制品业	1.00%	道路运输业	2.00%
通信设备、计算机及其他电子设备制造业	2.00%	零售业	1.50%	金属制品业	2.00%
塑料制品业	3.00%	居民服务业	1.20%	建筑材料制造业——水泥	2.00%
食品制造业	1.00%	金属制品业——轴瓦	6.00%	建筑材料制造业	3.00%
商务服务业	2.50%	金属制品——弹簧	3.00%	建筑安装业	1.50%
家具制造业	1.50%	计算机服务业	2.00%	化学原料及化学制品制造业	2.00%
工艺品及其他制造业——珍珠	4.00%				

【例 11-1】　2×20 年，蓝宇纺织有限公司年度产品销售收入1 200 万元，企业会计利润是 120 万元，企业所得税率为 25%。

2×20 年年度交纳所得税 = 120×25% = 30（万元）

$$
\begin{aligned}
\text{企业所得税税负率} &= \text{应纳所得税额} \div \text{销售收入} \times 100\% \\
&= 30 \div 1\,200 \times 100\% \\
&= 2.5\%
\end{aligned}
$$

11.1.3 社保风险预警

2018年7月20日，中共中央办公厅、国务院办公厅印发《国税地税征管体制改革方案》，明确从2019年1月1日起，将基本养老保险费、基本医疗保险费、失业保险费、工伤保险费、生育保险费等各项社会保险费交由税务部门统一征收。根据《中华人民共和国劳动法》第七十二条的规定："社会保险基金按照保险类型确定资金来源，逐步实行社会统筹。用人单位和劳动者必须依法参加社会保险，缴纳社会保险费。"社会保险费包括基本养老保险费、基本医疗保险费、工伤保险费、失业保险费和生育保险费。住房公积金不在划转税务局征收之列。

1. 社会保险费与工资总额的关系

社会保险费（以下简称"社保"）分为单位缴费和个人缴费两部分。

（1）个人缴费部分。如《北京市基本养老保险规定》第十二条规定："城镇职工以本人上一年度月平均工资为缴费工资基数。缴费工资基数低于本市上一年度职工月平均工资60%的，以本市上一年度职工月平均工资的60%作为缴费工资基数；超过本市上一年度职工月平均工资300%的部分，不计入缴费工资基数，不作为计发基本养老金的基数。"

（2）单位缴费的计税依据和个税基本一致，工资个税减免的一般也不计入计算基数。

2. 工资总额计算口径

根据《中华人民共和国劳动和社会保障部社会保险事业管理中心关于规范社会保险缴费基数有关问题的通知》（劳社险中心函〔2006〕60号）规定，工资总额是指各单位在一定时期内直接支付给本单位全部职工的劳动报酬总额，由计时工资、计件工资、奖金、加班加点工资、特殊情况下支付的工资、津贴和补贴等组成。劳动报酬总额包括：在岗职工工资总额；不在岗职工生活费；聘用、留用的离退休人员的劳动报酬；港澳台人员及外籍员工劳动报酬以及聘用其他从业人员的劳动报酬。

《国家统计局关于认真贯彻执行〈关于工资总额组成的规定的通知〉》（统制字〔1990〕1号）规定，对工资总额的计算做了明确解释：各单位支付给职工的劳动报酬以及其他根据有关规定支付的工资，不论是计入成本的还是不计入成本的，不论是按国家规定列入计征奖金税项目的还是未列入计征奖金税项目的，均应列入工资总额的计算范。

3. 关于计算缴费基数的具体项目

根据国家统计局的规定，下列项目作为工资总额统计，在计算缴费基数时作为依据。

（1）计时工资。

①对已完成工作按计时工资标准支付的工资，即基本工资部分。

②新参加工作职工的见习工资（学徒的生活费）。

③根据国家法律、法规和政策规定，因病、工伤、产假、计划生育假、婚丧假、事假、探亲假、定期休假、停工学习、执行国家或社会义务等原因按计时工资标准或时工资标准的一定比例支付的工资。

④实行岗位技能工资制的单位支付给职工的技能工资及岗位（职务）工资。

⑤职工个人按规定比例缴纳的社会保险费、职工受处分期间的工资、浮动升级的工资等。

⑥机关工作人员的职务工资、级别工资、基础工资；工人的岗位工资、技术等级（职务）、工资。

（2）计件工资。

①实行超额累进计件、直接无限计件、限额计件、超定额计件等工资制，按劳动部门或主管部门批准的定额和计件单价支付给个人的工资。

②按工作任务包干方法支付给个人的工资。

③按营业额提成或利润提成办法支付给个人的工资。

（3）奖金。

①生产（业务）奖包括超产奖、质量奖、安全（无事故）奖、考核各项经济指标的综合奖、提前竣工奖、外轮速遣奖、年终奖（劳动分红）等。

②节约奖包括各种动力、燃料、原材料等节约奖。

③劳动竞赛奖包括发给劳动模范、先进个人的各种奖金。

④机关、事业单位各类人员的年终一次性奖金、机关工人的奖金、体育

运动员的平时训练奖。

⑤其他奖金包括从兼课酬金和业余医疗卫生服务收入提成中支付的奖金，运输系统的堵漏保收奖，学校教师的教学工作量超额酬金，从各项收入中以提成的名义发给职工的奖金等。

（4）津贴包括以下几种：①职工特殊或额外劳动消耗的津贴及岗位性津贴，如高空津贴、井下津贴、专业技术职务津贴、专业技术岗位津贴、技术等级岗位津贴、技术工人岗位津贴等；②保健性津贴，如卫生防疫津贴、医疗卫生津贴、科技保健津贴、农业事业单位发放的有毒有害保健津贴以及其他行业职工的特殊保健津贴等；③技术性津贴，如特级教师津贴、科研课题津贴、研究生导师津贴、工人技师津贴、中药老药工技术津贴、特殊教育津贴、高级知识分子特殊津贴（政府特殊津贴）等；④年功性津贴，如工龄工资、工龄津贴、教龄津贴和护士护龄津贴等；⑤地区津贴，如艰苦边远地区津贴和地区附加津贴等；⑥其他津贴，如支付给伙食津贴、上下班交通补贴、洗理卫生费、书报费、工种粮补贴、过节费、干部行车补贴、私车补贴等。

（5）补贴，包括为保证职工工资水平不受物价上涨或变动影响而支付的各种补贴，如副食品价格补贴、粮、油、蔬菜等价格补贴，煤价补贴、水电补贴、住房补贴、房改补贴等。

（6）加班加点工资。

（7）其他工资，如附加工资、保留工资以及调整工资补发的上年工资等。

（8）特殊项目构成的工资，如住房补贴或房改补贴等。

4. 企业社保涉税风险

有些企业为了少缴税，按照本地最低缴费标准为员工上保险。即使员工工资较高，也依然按照最低标准缴纳社保。但社保移交税务局后，各职能部门实现信息互通互联，个税、社保各项数据实现比对。企业如果还是按照本地最低缴费标准为员工上保险，在税务大数据下，无异于裸泳。工资和社保差异过大，未足额缴纳的部分，补缴的可能性很大。

2018 年 11 月 29 日，国家发改委等 28 部门联合印发《关于对社会保险领域严重失信企业及其有关人员实施联合惩戒的合作备忘录》就社会保险领域严重失信企业及其有关人员实施联合惩戒达成一致意见。严重失信、失范行为主要包括以下九种情形：

（一）用人单位未按相关规定参加社会保险且拒不整改的；

（二）用人单位未如实申报社会保险缴费基数且拒不整改的；

（三）应缴纳社会保险费却拒不缴纳的；

（四）隐匿、转移、侵占、挪用社会保险费款、基金或者违规投资运营的；

（五）以欺诈、伪造证明材料或者其他手段参加、申报社会保险和骗取社会保险基金支出或社会保险待遇的；

（六）非法获取、出售或变相交易社会保险个人权益数据的；

（七）社会保险服务机构违反服务协议或相关规定的；

（八）拒绝协助社会保险行政部门、经办机构对事故和问题进行调查核实的；拒绝接受或协助税务部门对社会保险实施监督检查，不如实提供与社会保险相关各项资料的；

（九）其他违反法律法规规定的。

例如，北京人社局、医保局、税务局三部门联合发文，公布了2019年社保缴费工资的通知：建立社保黑名单制度，少缴、漏缴将受到跨部门联合惩戒。

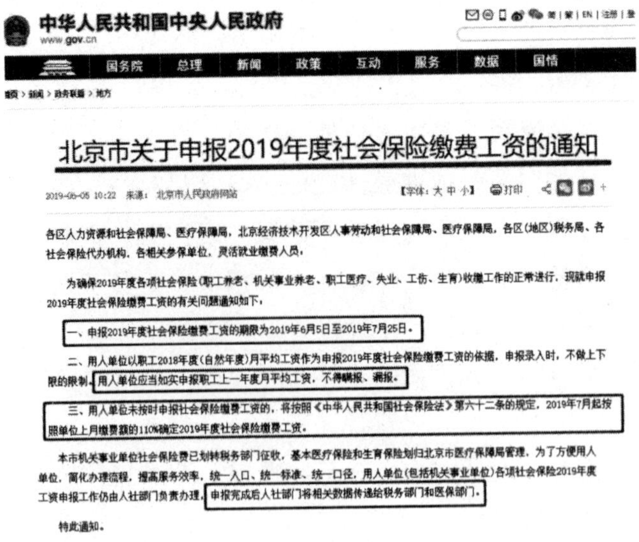
中华人民共和国中央人民政府
www.gov.cn

国务院 总理 新闻 政策 互动 服务 数据 国情

首页 > 新闻 > 政务联播 > 地方

北京市关于申报2019年度社会保险缴费工资的通知

2019-06-05 10:22 来源：北京市人民政府网站 【字体：大 中 小】 打印

各区人力资源和社会保障局、医疗保障局，北京经济技术开发区人事劳动和社会保障局、医疗保障局，各区(地区)税务局、各社会保险代办机构，各相关参保单位，灵活就业缴费人员：

为确保2019年度各项社会保险(职工养老、机关事业养老、职工医疗、失业、工伤、生育)收缴工作的正常进行，现就申报2019年度社会保险缴费工资的有关问题通知如下：

一、申报2019年度社会保险缴费工资的期限为2019年6月5日至2019年7月25日。

二、用人单位以职工2018年度(自然年度)月平均工资作为申报2019年度社会保险缴费工资的依据，申报录入时，不做上下限的限制。用人单位应当如实申报职工上一年度月平均工资，不得瞒报、漏报。

三、用人单位未按时申报社会保险缴费工资的，将按照《中华人民共和国社会保险法》第六十二条的规定，2019年7月起按照单位上月缴费额的110%确定2019年度社会保险缴费工资。

本市机关事业单位社会保险费已划转税务部门征收，基本医疗保险和生育保险划归北京市医疗保障局管理，为了方便用人单位，简化办理流程，提高服务效率，统一入口、统一标准、统一口径，用人单位(包括机关事业单位)各项社会保险2019年度工资申报工作仍由人社部门负责办理，申报完成后人社部门将相关数据传递给税务部门和医保部门。

特此通知。

企业一旦进入社保黑名单，将成为重点监督对象，并在财政补贴和资金支持、优惠政策支持、政府采购、政府项目合作、融资授信、保险购买、企业认证、评选表彰、土地供应、招标投标，乃至重组上市等方面受到限制或禁止，而失信企业的直接责任人，也将限制乘坐飞机和高铁。

11.1.4 其他税务风险预警指标

除了税负率外，税务预警还包括以下内容。

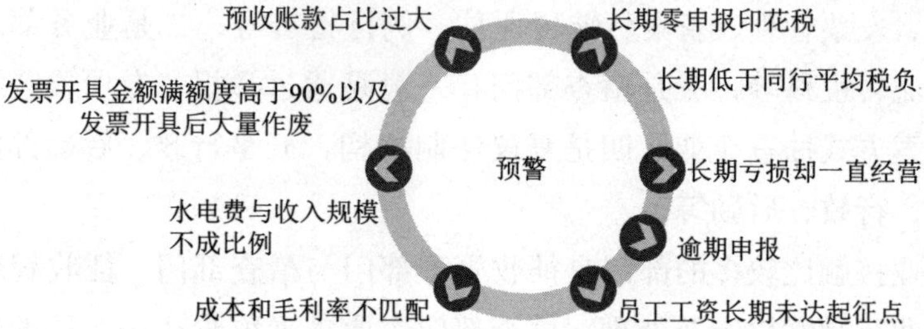

企业被预警不要慌

为避免被税务预警，每月报表报送之前，财务人员应进行自查。发票是比较容易出现状况的环节，失控发票和滞留票是税务机构检查的重点，也是容易出现税务预警的内容。对于失控发票，企业应检查上游企业经营状况是否正常，若发现上游企业走逃，应主动做进项税额转出，避免引起税务机关预警；对于滞留票，企业应立即落实滞留票形成原因，同时将该滞留票入账，最好调整开票日期。另外，财务人员应认真检查发票开具项目与购进商品名称不符，或者票面信息不规范等，都容易产生税务疑点。

11.2 税务检查

税务检查与税务稽查，这两者是什么关系呢？其实税务检查是统称，包括日常检查和税务稽查。

税务稽查应根据国家税务总局制定的《税务稽查工作规程》进行，税务稽查案源是经过选案分析系统和人工随机产生的，必须经过四个环节，即选案→检查→审理→执行。

税务检查一般是每年的6月至12月，日期不固定。如果通过金税三期系统预警指标发现企业有问题，税务稽查组随时上门检查。

11.2.1 税务机关职能机构分类与职责

税务局的机构按职能分类，可以分为以下几类：一是征收管理部门，如税款征收、发票管理、备案、纳税评估、例行检查等；二是业务部门，如所得税科、流转税科等；三是稽查部门，一般是通过举报、专项检查、随机抽查三种选案方式抽查企业；四是复议法制机构，五是行政、后勤部门，如财务、人事、行政、后勤等。

与企业接触比较多的部门是征收管理部门与稽查部门，征收管理机构主要负责企业日常性检查及处理；稽查部门主要负责税收违法案件的查处；专项检查部署由稽查局负责牵头统一组织。

1. 日常检查

根据《国家税务局税收管理日常检查办法》的规定，日常检查是指税务机关对户籍管理类（税务登记、注销、停歇业、非正常户和漏征漏管户的清查），税源管理类（调查了解纳税人生产经营和财务状况、所得税汇算清缴检查、个体税收定额变化、申报情况核查、纳税催报、税款催缴、税收优惠政策检查），税基管理类（发票管理与使用检查、税控装置推广与使用的检查、纳税人基础信息采集核查、一般纳税人资格审查、纳税评估问询和疑点情况的核查、达到立案标准的案件移送）等。

2. 税务稽查

税务稽查，是税务检查的一种，是指税务稽查机构的专业检查。税务稽查包括日常稽查、专项稽查、专案稽查等。稽查局专门查处偷税、逃避追缴欠税、骗税、抗税案件。

税收检查的程序相对简单，而税务稽查必须根据国家税务总局制定的《税务稽查工作规程》，经过选案、实施、审理、执行4个环节。

根据《税收征收管理法》规定，税务机关派出的人员进行税务检查时，应当出示税务检查证和税务检查通知书，并有责任为被检查人保守秘密；未出示税务检查证和税务检查通知书的，被检查人有权拒绝检查。

> **税务局（稽查局）**
> **检查存款账户许可证明**
> **税许〔 〕号**
>
> ________：
>
> 根据《中华人民共和国税收征收管理法》第五十四条第（六）项规定，经税务局（分局）局长批准，我局税务人员等人（税务检查号码分别为：____）前去你处查询的情况，请予支持协助。
>
> 税务机关（签章）
>
> 年 月 日

11.2.2 税务检查的主要方法

税务检查企业名单一般通过以下几种方法确定。

一是被抽查。

抽查的方法可以分为两种：一种是定向抽查，另一种是不定向抽查。

(1) 定向抽查是指按照税务稽查对象类型、行业、性质、隶属关系、组织架构、经营规模、收入规模、纳税数额、成本利润率、税负率、地理区域、税收风险等级、纳税信用级别等特定条件，通过摇号等方式，随机抽取确定待查对象名单，对其纳税等情况进行稽查。随机抽取为"双随机（随机抽取检查对象、随机选派检查人员）"其中长期纳税申报异常企业、税收高风险企业、纳税信用级别低的企业、多次被检举有税收违法行为的企业、相关部门列明违法失信联合惩戒企业等异常类型对象将被列入税务稽查异常对象名录库，对列入税务稽查异常对象名录库的企业，会加大抽查力度，提高抽查比例和频次。

抽查比例与频次规定如下：

①对市级和区级重点税源企业，采取定向抽查与不定向抽查相结合的方式，每年抽查比例20%左右，原则上每5年检查一轮；

②对非重点税源企业，采取定向抽查为主，辅以不定向抽查的方式，每年抽查比例不超过3%；

③对非企业纳税人（个体工商户），主要采取不定向抽查方式，每年抽查比例不超过1%；

④对列入税务稽查异常对象名录库的企业适当提高抽查比例和频次；

⑤3年内已被随机抽查的税务稽查对象，不列入随机抽查范围。

(2) 不定向抽查是指不设定条件，通过摇号等方式，随机抽取确定待查对象名单，对其纳税等情况进行稽查。

抽查关键在于随机，符合下列情形之一的随机抽查对象，应当列入随机抽查对象异常名单：

①税收风险等级为高风险的。

②两个年度内两次以上被检举且经检查均有税收违法行为的。

③受托协查事项中存在税收违法行为的。

④长期纳税申报异常的。

⑤纳税信用级别为D级的。

⑥被相关部门列为违法失信联合惩戒的。

企业最终要给税务局以合理的解释，确定解决方案。一般要出具自查报告，说明以上事项。自查报告包括以下内容：企业基本情况说明；产生预警的情况说明；预警情况产生的原因分析；解决该问题的措施。一般税务局下发一个正式的函，具体说明企业要自查的问题，然后规定企业上交自查报告的具体日期。

在实施检查时，税务部门检查人员一般一组两人，会向被查企业出示税务检查证和《税务检查通知书》。检查人员通过实地检查、询问、调取账簿资料、提取证据原件、调研空白发票、调取发票原件、检查电子信息系统、检查存款账户、储蓄存款等方式开展检查。检查的具体内容如下。

(1) 检查纳税人的账簿、记账凭证、报表和有关资料，检查扣缴义务人代扣代缴、代收代缴税款账簿、记账凭证和有关资料。

(2) 到纳税人的生产、经营场所和货物存放地检查纳税人应纳税的商品、货物或者其他财产，检查扣缴义务人与代扣代缴、代收代缴税款有关的经营情况。

(3) 询问纳税人、扣缴义务人与纳税或者代扣代缴、代收代缴税款有关的问题和情况。

（4）责成纳税人、扣缴义务人提供与纳税或者代扣代缴、代收代缴税款有关的文件、证明材料和有关资料。

（5）到车站、码头、机场、邮政企业及其分支机构检查纳税人托运、邮寄应纳税商品、货物或者其他财产的有关单据、凭证和有关资料。

（6）经县以上税务局（分局）局长批准，凭全国统一格式的检查存款账户许可证明，查询从事生产、经营的纳税人、扣缴义务人在银行或者其他金融机构的存款账户。税务机关调查税收违法案件时，经设区的市、自治州以上税务局（分局）局长批准，可以查询案件涉嫌人员的储蓄存款。

11.2.3　企业被税务稽查的主要原因

一般来说，税务稽查的原因主要包括：

一是领导批示。现阶段只要是领导交办的案件，税务机关执行部门一般都会非常重视，会不遗余力地去完成检查任务。因此，对于领导批示的重大税务稽查案件，人力、物力的投入就会非常庞大，甚至有时还会查出其他企业的涉税问题。

二是举报。这里所提到的举报包含很多种类型，如会计举报、商业竞争对手之间的举报等，针对不同的举报，税务稽查的方式有所区别。

三是专项检查。这是由国家税务总局牵头进行的专项检查活动，一般一年有几次，涉及一些重要的企业或者行业。在专项检查中查出来的违法犯罪案件并不在少数。

四是当地稽查。也就是税务稽查局亲自查账。

五是纳税评估。税务稽查局查账后，如果对某些数字产生异常，企业要根据预警调整数字，把应缴税款如数上缴，以后一般不会出现大问题。

当税务稽查到来时，一定要问清楚稽查的目的，从而根据税务稽查原因确定具体应对措施。一般而言，当地稽查和纳税评估的风险指数较低，应该想办法将其控制在可控的范围内。在平时，企业的会计应该对会计凭证、账簿、报表等这些财务资料做最基础的保管工作，在检查的过程中，积极的配合检查人员的调查并主动提供相应的资料，如果发现税务问题，就要配合工作人员调查，有错误及时纠正，如果税款漏缴的问题，就要主动补上，或者是主动缴纳税款，争取最大程度减轻处罚，争取从轻处理。

11.2.4 企业纳税权利

企业应知晓自己的权利，根据国家税务总局发布了《关于纳税人权利与义务的公告》（国家税务总局公告 2009 年第 1 号），明确告知纳税人在纳税过程中有 14 项权利。

1. 知情权

知情权包括税收政策知悉权、涉税程序知悉权、应纳税额核定知情权。税务机关、税务人员应及时向企业介绍国家税收法律、行政法规的规定以及与纳税程序有关的情况：包括现行税收法律、行政法规和税收政策规定；办理税收事项的时间、方式、步骤以及需要提交的资料；应纳税额核定及其他税务行政处理决定的法律依据、事实依据和计算方法。

2. 保密权

企业有权要求税务机关、税务人员为纳税人、扣缴义务人的技术信息、经营信息、主要投资人以及企业不愿公开的个人事项保密。

3. 税收监督权

企业有权对税务人员索贿受贿、徇私舞弊、玩忽职守，不征或者少征应征税款，滥用职权多征税款等行为行检举和控告。

4. 纳税申报方式选择权

纳税申报方式主要有以下几种：上门申报、邮寄申报、数据电文申报、简易申报和简并征期。企业可以根据自己的情况，选用上述申报方式的任意一种。

5. 申请延期申报权

企业若不能按期办理纳税申报，应当在规定的期限内向税务机关提出书面延期申请，经核准，可在核准的期限内办理税款结算。

6. 申请延期缴纳税款权

企业若不能按期办理纳税申报应当在规定的期限内提出书面延期申请，经核准，可在核准的期限内办理如因有特殊困难，经批准可延期缴纳税款，但是最长不得超过三个月。申请延期缴纳税款权要满足以下任一条件：一是因不可抗力，导致纳税人发生较大损失，正常生产经营活动受到较大影响的；二是当期货币资金在扣除应付职工工资、社会保险费后，不足以缴纳税款的。

7. 申请退还多缴税款权

企业发现多缴纳税款时，可在发现之日起10日内办理退还手续；若企业自结算缴纳税款之日起三年内发现的，可以向税务机关要求退还多缴的税款并加算银行同期存款利息。

8. 依法享受税收优惠权

企业可以依照法律、行政法规的规定书面申请减税、免税，需要备案的，应当按照税收法律、行政法规和有关政策规定，及时办理事前或事后备案。

9. 委托税务代理权

企业有权就以下事项委托税务代理人代为办理：①办理税务登记、变更税务登记和注销税务登记；②办理发票领购手续；③办理纳税申报或扣缴税款报告；④办理缴纳税款和申请退税；⑤制作涉税文书；⑥审查纳税情况；⑦建账建制，办理账务；⑧开展税务咨询、受聘税务顾问；⑨申请税务行政复议或税务行政诉讼；⑩国家税务总局规定的其他业务。

10. 陈述与申辩权

企业对税务机关作出的决定，享有陈述权、申辩权。如果对税务机关作出的决定有疑义，并有充分的证据证明自己的行为合法，税务机关就不得其实施行政处罚；税务机关不会因企业的申辩而加重处罚。

11. 对未出示税务检查证和税务检查通知书的拒绝检查权

企业对未出示税务检查证和税务检查通知书的，有权拒绝检查。

12. 税收法律救济权

企业对税务机关作出的决定，依法享有申请行政复议、提起行政诉讼、请求国家赔偿等权利。

13. 依法要求听证的权利

企业收到《税务行政处罚事项告知书》时，有权要求举行听证。对应当进行听证的案件，税务机关不组织听证，行政处罚决定不能成立。

14. 索取有关税收凭证的权利

税务机关、税务人员征收税款时，必须给企业开具完税凭证。税务机关扣押商品、货物或者其他财产时，必须开付收据；查封商品、货物或者其他财产时，必须开付清单。

总之，企业应知晓自己在纳税过程中的权利，遇到税务机关执法不当时能及时维护自己的利益。

下篇　合同管理

财务人员在审核原始凭证时，合同也是必不可少的审查项目。会计职称考试有《经济法》科目，考试通过才能取得相应的职称资格，《经济法》科目专辟一章《合同法》的内容，就是对财务人员掌握《中华人民共和国合同法》理论知识的考查。

《中华人民共和国民法典》出台后，原有的《中华人民共和国合同法》废止，相关内容纳入《民法典》，自 2021 年 1 月 1 日起执行。

本篇主要介绍与企业业务密切相关的采购合同、销售合同、用工合同的涉税管理。

第 12 章　合同条款与风险控制

目前，“四流一致”是企业规范管理的基本要求，所谓“四流”，即合同流、现金流、货物流、发票流必须一致。可见，在企业开展业务过程中，应高度防范合同风险。

12.1　合同的订立

根据《中华人民共和国民法典》(以下简称《民法典》) 规定，当事人订立合同，可以采用书面形式、口头形式或者其他形式。书面形式是合同书、信件、电报、电传、传真等可以有形地表现所载内容的形式。

以电子数据交换、电子邮件等方式能够有形地表现所载内容，并可以随时调取查用的数据电文，视为书面形式。

12.1.1　合同必备条款含义

先了解合同必备条款，欠缺必备条款，合同不能成立。主要包括当事人姓名或名称、标的种类、数量等要素。

根据《中华人民共和国民法典》规定，合同的内容由当事人约定，一般包括以下条款：

(1) 当事人的名称或者姓名和住所；

(2) 标的、数量、质量；价款或者报酬；

(3) 履行期限、地点或方式；

(4) 违约责任；解决争议的方法。

合同涉税通常包括当事人，价款或报酬，履行期限、地点或方式，违约责任。

1. 当事人

当事人是指签订合同的双方。当事人应具有合法的主体资格，包括自然人、法人、其他组织等，且当事人订立合同，应当具有相应的民事权利能力和民事行为能力。

合同一般由双方当事人签订，也可以由三方以上的人共同签订。通常在合同中以甲方、乙方出现，甲方、乙方可能是企业法人和其他社会团体，也可能是自然人。这里的甲方、乙方可以是一个人，也可以是两个或两个以上的人。多人作为合同一方当事人与对方签订合同的，应该共同承担合同的权利和义务。合同当事人的法律地位平等，一方不得将自己的意志强加给另一方。

2. 价款或报酬

价款或报酬是合同非常重要的内容，应明确单价和价格总额、货币种类、支付的时间和方式，注明开户银行和账号以及由于履行合同所产生的其他费用的承担人和承担方式。有些合同还涉及运费、保险费、保管费、装卸费、报关费以及其他一切可能支出的费用，由谁支付都要明确。

3. 履行期限、地点或方式

履行期限、地点或方式，《民法典》中有具体的解释。

（1）合同的履行期限。

根据《民法典》，合同履行期限是指合同中规定的当事人履行合同义务，如交付标的物、价款或者报酬，履行劳务，完成工作的时间界限和债权人接受履行行为的时间。作为合同的主要条款，合同的履行期限一般应当在合同中予以约定，如买卖合同合同中卖方的履行期限是交货的日期，买方的履行期限是付款日期；运输合同中承运人的履行期限是指从起运到目的地卸载时间；建设工程合同中承包方的履行期限是从开工到竣工的时间。因此，期限条款应当尽量明确、具体，或者明确规定计算期限的方法。

（2）履行地点。

履行地点是指当事人履行合同义务和对方当事人接受履行的地点。在买卖合同中，买方提货的，在提货地履行；卖方送货的，在买方收货地履行。建设工程合同在建设项目所在地履行。履行地点也是发生纠纷后确定由哪一地法院管辖的依据。

（3）合同履行方式。

履行方式是合同双方当事人约定以何种形式来履行义务。合同的履行方式主要包括运输方式、交货方式、结算方式等。如买卖合同交付标的物，而承揽合同是交付工作成果，履行可以是一次性的，也可以是在一定时期内分期、分批的。运输合同的履行方式按照运输方式的不同可以分为公路、铁路、海上、航空等方式。履行方式还包括价款或报酬的支付方式、结算方式等，如现金结算、转账结算、托收承付、支票结算、信用证、汇总结算等。

4. 违约责任

违约责任，是指当事人一方或者双方不履行合同义务或者履行合同义务不符合合同约定而依法应当承担的法律责任。为了更加及时地解决合同纠纷，可以在合同中约定违约责任，如约定定金、违约金、损失赔偿金等计算方法等。

12.1.2　合同订立的形式

《民法典》充分尊重当事人的选择自由，适应当事人要求交易便捷的需要，合同可以采用书面形式、口头形式或其他形式。

1. 书面形式

书面形式是指合同书、信件和数据电文（包括电报、电传、传真、电子数据交换和电子邮件）等可以有形地表现所载内容的形式。

合同的书面形式有多种，最通常的是当事人双方对合同有关内容进行协商订立的并由双方签字（或者同时盖章）的合同文本，也称作合同书或者书面合同。

一般来说，合同书应当符合以下条件：

（1）必须以某种文字、符号书写；

（2）必须由双方当事人签名、盖章或按指印；

（3）必有规定当事人的权利和义务。

合同也可以信件订立，书信有平信、邮政快件、挂号信以及特快专递等多种形式。电报、电传、传真等也属于书面形式。通过计算机网络系统订立合同，近年来在国内外发展迅速，通过计算机网络系统订立合同，主要形式有电子数据交换和电子邮件。

2. 口头形式

口头形式是指当事人以直接对话方式订立合同，而不用文字形式订立合同的形式。

以口头形式订立合同的特点是直接、简便、快速，数额较小的交易或者现款交易通常采用口头形式，如在超市、农贸市场、商场购物等。口头形式是大众在日常生活中广泛采用的合同方式，当然也适用于法人、非法人之间，但产生争议后，取证非常困难，因此法人、非法人之间尽量采用书面形式订立合同。

3. 其他形式

其他形式是指当事人未采用书面和口头形式，而是以当事人的行为推定合同成本。最常见的如租赁，租赁期满后，出租人未提出让承租人搬走，承租人也没有搬走的意愿，承租人按期缴纳租金，出租人接受租金。

12.2 合同文本与风险防范

不同企业合同文本列示内容不同，但合同必备条款缺一不可：当事人的名称或者姓名和住所；标的、数量、质量；价款或者报酬；履行期限、地点或方式；违约责任；解决争议的方法等，这些内容在合同中必须明确列明。

12.2.1 签署合同文本应注意的问题

企业一般采用格式条款，包括企业当事人名称或者姓名和住所，标的，数量，质量，价款或者报酬，履行期限、地点和方式，违约责任，解决争议的方法等。因格式条款是未与对方协商，若对方对格式条款无异议，双方可以签署合同，但对方对格式条款有异议，对方对某些条款不认可，需要重新出具合同。经办人员不能直接在原合同上修改，容易出现文不对题，错漏百出的问题。应咨询法务人员，同时与财务人员就某些重要涉税内容进行沟通。企业一般有自己的空白合同，属于格式条款，是企业为了重复使用而预先拟定，并在订立合同时未与对方协商的条款。企业的格式合同是法务部门制订，相关部门提供意见，基本比较完善，合同双方的责任、义务约定十分明确，但忽视隐形一方，那就是税务部门。企业与税务局的纳税争议源于合同中涉税条款的不明确，企业对税法政策解读不够精准，导致涉税风险。为了预防涉税风险，合同中应对增值税发票、销售额、销售方式、支付日期等作出具体规定。

12.2.2 合同文本签订与风险控制

1. 签订合同时要考虑当事人的身份

签订合同时要考虑合同当事人是一般纳税人还是小规模纳税人，能否提供增值税专用发票。尤其是采购部门，尽量选择一般纳税人。但有些物资采购有困难的，也可以选择小规模纳税人，应确定对方能否开具增值税专用发票。因个别小规模纳税人因于某些原因，不能开具专用发票。签订合同时，对方应提供营业执照复印件、一般纳税人资格认定复印件作为合同的附件，明确开票类型、开具日期、送达期限等内容。

2. 价款是否包含增值税

因增值税属于价外税，一般不包括在合同价款中，合同金额时应该分别载明不含税价格和增值税额，明确税率。

除了以上因素外，合同还要约定以下事项：

（1）合同金额条款应该增加条款，如遇到税收政策变化，税率发生调整等，双方应当坚持“调税不调价”的原则，保持不含税价不变，增值税额和增值税率及含税合同总价做相应调整。

（2）合同中应当约定购买方向销售方支付的价外费，销售方必须向购买方开具相应的增值税发票，例如购买方支付向其的赔偿金、奖励款、延期付款利息等。

3. 增加发票的责任条款

在合同中约定如开票方开具的发票不规范、不合法或涉嫌虚开，开票方不仅要承担赔偿责任，而且必须明确不能免除其重新开具合法专用发票的义务。比如：乙方应按照甲方要求，及时向甲方开具可以抵扣税款的增值税专用发票。因乙方开具发票不及时给甲方造成无法及时认证、抵扣发票等情形的，乙方需向甲方承担赔偿责任，包括但不限于税款、滞纳金、罚款及相关损失等。

另外，在合同中明确如果供应商提供的增值税发票是假的或虚开的，被税务部门查出，责任由供应商承担。《最高人民法院关于审理虚开增值税专用发票的司法解释》规定，如果是善意取得的发票，采购方不承担罪责；如果是恶意取得的，购销双方都要承担刑事责任。

4. 增加重大信息变更及时通知条款

销售方有重大信息变更，尤其是联系信息变更等，及时告知采购方。如销售方在执行合同过程中，涉及重大信息变更，如税务登记变更、公司名称等，应及时告知采购方变更情况，并提供相关纸质或电子信息资料。以便采购方在面对取得“异常专票”时予以解释。

5. 销售方式的选择

销售方式涉及纳税义务发生时间，因此在合同中应详细明确付款时间。

小贴士

合同原件、传真件和扫描件的法律效力

1. 合同原件的法律效力

合同原件是《民法典》规定的“书面形式”中最具有法律证明力的一种，合同原件在证据学上可被认定为直接证据和原始证据，法院一般都予以直接采信。

2. 传真件的法律效力

传真件也属于合同书面形式的一种，仅以传输文本、图像为目的的传真件在性质上类似于复印件，属于效力待定的证据，不能单独作为认定案件事实的证据。

3. 扫描件的法律效力

从证据角度来说，扫描件是图片，作为复印件的形式存在，从技术上可以被篡改，因此单单扫描件的证明效力是很低的。

三种形式中，合同原件是最直接有力的证据，其次是传真，扫描件的法律效力最差。因此在案件纠纷中，尽可能地搜集合同原件。

第 13 章　购销合同涉税风险

13.1　采购合同涉税风险

采购合同要约定发票的提供时间，以免供应商发票提供不及时造成采购方因无票带来账务处理的麻烦。

13.1.1　采购合同中常见的发票条款风险防范

发票在企业的采购活动中十分重要，尤其是在“金税三期”或“金税四期”系统的监控下。在合同中明确结算方式的同时，也要明确发票的开具时间，以及发票的种类。

1. 发票开具时间

发票开具时间的规定如下。

根据《增值税专用发票使用规定》，企业必须按下列规定的时限开具增值税专用发票，否则开具的专用发票将不能作为购货方扣税凭证：

（1）采用预收货款、托收承付、委托银行收款结算方式的，为货物发出的当天。

（2）采用交款提货结算方式的，为收到货款的当天。

（3）采用赊销、分期付款结算方式的，为合同约定的收款日期的当天。

（4）将货物交付他人代销，为收到受托人送交的代销清单的当天。

（5）设有两个以上机构并实行统一核算的纳税人，将货物从一个机构移送其他机构用于销售，按规定应当征收增值税的，为货物移送的当天。

（6）将货物作为投资提供给其他单位或个体经营者，为货物移送的当天。

（7）将货物分配给股东，为货物移送的当天。

2. 开具发票的种类与税率

合同中对于发票种类的约定是非常重要的，否则采购方将会引发不合规票据税前扣除的风险。如果是属于增值税应税的项目，还会有进项税不可以抵扣的风险。

例如，甲企业与乙企业（小规模纳税人）签订合同，并未询问乙企业能开具何种发票，也未在合同中约定发票的种类。甲企业付款时要求乙企业开具增值税专用发票，乙企业拒绝开具增值税专用发票，因小规模纳税人增值税征收率为3%，目前的优惠税率为1%。如果小规模纳税人季度收入不超过30万元，且是普通发票的话，是不需要缴纳增值税的。因合同中未约定发票种类，甲企业只能接受普通发票。

如果仅在合同中约定"合规发票"，则有可能不能最大限度地取得增值税专用发票，相关的进项税额不能有效抵扣。一般纳税人企业可考虑在合同中增加"取得合规的增值税专用发票后付款"的条款，规避提前付款后发票不能认证、虚假发票等情况发生。另外，还要取得供应商防伪税控系统开具的"销售货物或提供应税劳务清单"，并加盖财务专用章或发票专用章，否则不可以抵扣增值税进项税。

3. 明确增值税专票丢失的补救措施

在合同中必须明确如果采购方丢失增值税专用发票发票联和抵扣联，则必须向采购方提供专用发票记账联复印件及销售方主管税务机关出具的《丢失增值税专用发票已报税证明单》或《丢失货物运输业增值税专用发票已报税证明单》。

4. 注明实际开票金额与合同金额不一致时的解决方法

在实务中，合同签订时，双方的履约义务并没有发生。在合同履约中，由于物价上涨或税务政策的变化，导致开票付款金额与合同金额不同。如某公司年初签署采购合同，注明价款30万元，但后来原材料涨价，对方要求付款35万元。导致合同部分条款不能履行，采购方可以与供应商签署补充协议，解决这一问题。

13.1.2 采购过程涉税风险的处理

在税务大数据下，合同是不可缺少的稽查项目。税务局要求企业应该"四流一致"，即合同流、现金流、货物流、发票一致。

在采购活动中，正常采购业务应是“四流一致”，流程如图 13-1 所示。

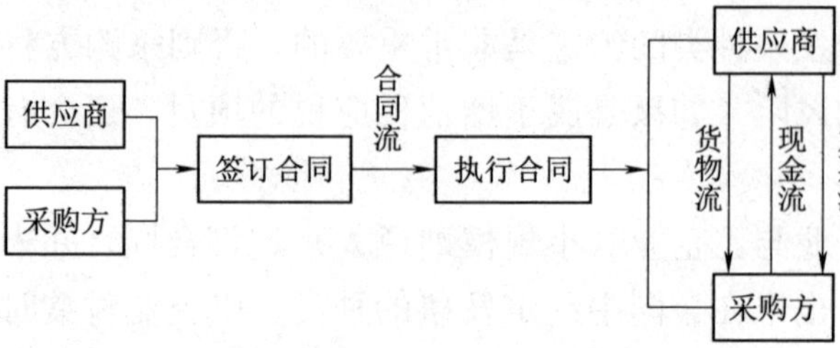

图 13-1 流程图（1）

但实际业务中，如果开具发票的是第三方，那么业务流程就发生变化，如图 13-2 所示。

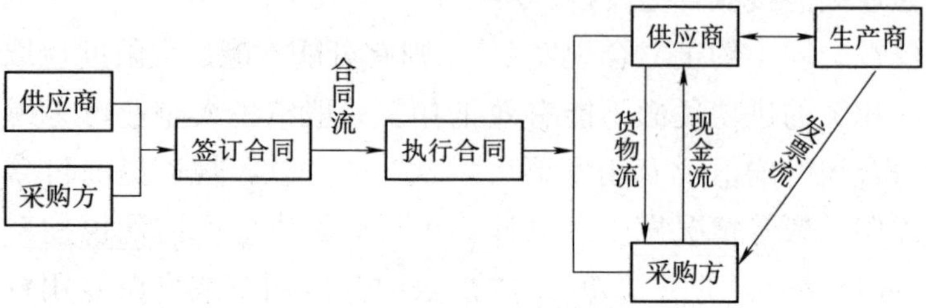

图 13-2 流程图（2）

这样就会出现发票流不一致的问题。根据《国家税务总局关于加强增值税征收管理若干问题的通知》(国税发〔1995〕192 号）规定：纳税人购进货物或应税劳务，支付运输费用，所支付款项的单位，必须与开具抵扣凭证的销货单位、提供劳务的单位一致，才能够申报抵扣进项税额，否则不予抵扣。

13.2 销售合同涉税风险

销售合同涉税风险主要集中在价格条款上。

13.2.1 结算方式的选择

交易双方采取的结算方式不同，其纳税义务发生的时间也不同。合同当中常见的结算方式有以下几种：直接收款、赊销和分期收款、预收款等。

1. 直接收款

合同中应注明：甲方应支付乙方货款具体数额。甲方必须在合同签订后日内支付全部货款，乙方凭发票发货。

《中华人民共和国增值税暂行条例实施细则》第三十八条规定，采取直接收款方式销售货物，不论货物是否发出，其增值税的纳税义务发生时间均为收到销售款或者取得索取销售款凭据的当天。

直接收款分为以下几种：

（1）货物发出，未收到货款，且未开具发票。纳税义务发生于取得货款或取得索取销售款凭据的当天。

（2）货物发出，未收取货款，但开具发票。纳税义务发生于发票开具的当天。

（3）货物发出，收取货款。但未开具发票。纳税义务发生于取得货款的当天。

2. 赊销和分期收款

根据《中华人民共和国增值税暂行条例实施细则》第三十八条第（三）项规定：采取赊销和分期收款方式销售货物，为书面合同约定的收款日期的当天，无书面合同的或者书面合同没有约定收款日期的，为货物发出的当天。

合同中应注明：甲方应支付乙方货款××元整。甲方必须在年月日支付第一批货款的（百分比），在年月日支付第二批货款的（百分比）；在年月日前付讫余款。

需要注意的是，分期收款合同应明确付款期和每次付款金额或者百分比。

例如，某企业销售大型设备，价款 1 500 万元，合同中约定采用分期收款方式，共分三年收款，合同签署后 30 天内预收 100 万元，但合同没有明确分期收款具体日期。税务局认为属于预收款方式收款，根据《中华人民共和国增值税暂行条例实施细则》第三十八条的规定，采取预收货款方式销售货物，增值税纳税义务发生时间为货物发出的当天，但生产销售生产工期超过 12 个月的大型机械设备、船舶、飞机等货物，增值税纳税义务发生时间为收到预收款或者书面合同约定的收款日期的当天。因此税务局要求企业按照 1 500万元作为应纳税所得额，而不是 100 万元。

3. 预收款方式

在合同中应注明：甲方应支付乙方货款××元整。甲方在合同签订后日内支付的百分比或金额，剩余货款于货物发出时年月日支付。

根据财政部、国家税务总局《关于全面推开营业税改征增值税试点的通知》(财税〔2016〕36 号）规定，纳税人提供建筑服务、租赁服务采取预收款方式的，其纳税义务发生时间为收到预收款的当天。

例如，朝阳建筑公司为一般纳税人，机构所在地为北京，2×21 年 6 月 1 日与广州市百货公司签订建筑合同。合同约定，合同签订 10 日内，广州市百货公司向朝阳建筑公司支付预付款 239.8 万元。收到款项后 3 日内进场施工，该项目为包工包料。

朝阳建筑公司收到“预收款”239.8 万元，应在广州市建筑所在地税务机关预缴增值税。

应预缴税款 = 239.8 ÷ (1 + 9%) × 2% = 4.4（万元）

建筑施工企业在收到预收款时便发生了纳税义务，根据适用不同的计税方式在项目所在地主管国税机关预缴税款，向机构所在地主管国税机关按适用税率申报纳税。

4. 采用委托代销结算方式

如果企业的产品销售对象是商业企业，且有一定的赊欠期限的情况下，在销售合同中可约定采用委托代销结算方式处理销售业务，根据实际收到的货款分期计算销项税额，从而延缓纳税。

《中华人民共和国增值税暂行条例实施细则》第三十八条第（五）项规定：“委托其他纳税人代销货物，为收到代销单位的代销清单或者收到全部或者部分货款的当天。未收到代销清单及货款的，为发出代销货物满 180 天的当天；”基于此规定，委托代销商品是指委托方将商品交付给受托方，受托方根据合同要求，将商品出售后，开具销货清单，交给委托方，这时委托方才确认销售收入的实现。

13.2.2 特殊销售方式税务处理

1. 平销返利销售额

增值税纳税人的销售额，不仅包括价款，还有价外费用，是指价外收取的各种性质的收费。根据国家税务总局《关于商业企业向货物供应方收取的部分费用征收流转税问题的通知》(国税发〔2004〕136 号）文件规定，对商业企业向供货方收取的与商品销售量、销售额挂钩（如以一定比例、金额、数量计算）的各种返还收入，均应按照平销返利行为的有关规定冲减当期增

值税进项税金，

应冲减进项税金的计算公式调整为：

当期应冲减进项税金＝当期取得的返还资金÷(1＋所购货物适用增值税税率)×所购货物适用增值税税率

因此，采购方自供货方取得的与购销货物相关的收入，若其金额计算依据与商品销售量、销售额挂钩（如以一定比例、金额、数量计算）的，应按照上述文件的要求，属于平销返利行为，冲减当期增值税进项税金；若其金额计算依据与商品销售量、销售额无关的，就采购方取得的收入，不缴纳增值税。

2. 销售折扣涉税处理

根据《增值税若干具体问题的规定》(国税发〔1993〕154 号）第二条第（二)款的规定，纳税人采取折扣方式销售货物，如果销售额和折扣额在同一张发票上分别注明的，可按折扣后的销售额征收增值税。

由于销售合同中涉及增值税、消费税、企业所得税等纳税义务发生的时间，因此，销售方式、结算方式不同，纳税义务发生的时间也不同。

第 14 章　合同印花税的处理

《中华人民共和国印花税法》已由中华人民共和国第十三届全国人民代表大会常务委员会第二十九次会议于 2021 年 6 月 10 日通过，自 2022 年 7 月 1 日起施行。《中华人民共和国印花税法》在税率、税目、征税范围等均做出调整。

14.1　印花税基本知识

《中华人民共和国印花税法》在纳税人、应税凭证、计税依据等均有新的规定。

14.1.1　印花税征税范围

1. 纳税人

在中华人民共和国境内书立应税凭证、进行证券交易的单位和个人，为印花税的纳税人，应当依照本法规定缴纳印花税。在中华人民共和国境外书立在境内使用的应税凭证的单位和个人，应当依照本法规定缴纳印花税。

2. 应税凭证

应税凭证是指本法所附印花税税目税率表列明的合同、产权转移书据和营业账簿。

3. 计税依据

根据《中华人民共和国印花税法》，印花税的计税依据如下：

（1）应税合同的计税依据，为合同所列的金额，不包括列明的增值税税款；

（2）应税产权转移书据的计税依据，为产权转移书据所列的金额，不包括列明的增值税税款；

（3）应税营业账簿的计税依据，为账簿记载的实收资本（股本）、资本公积合计金额；

（4）证券交易的计税依据，为成交金额。

14.1.2 印花税税目、税率

印花税税目、税率见表14-1。

表14-1 印花税税目、税率

<table>
<tr><th colspan="2">税 目</th><th>税 率</th><th>备 注</th></tr>
<tr><td rowspan="11">合同（指书面合同）</td><td>借款合同</td><td>借款金额的万分之零点五</td><td>指银行业金融机构、经国务院银行业监督管理机构批准设立的其他金融机构与借款人（不包括同业拆借）的借款合同</td></tr>
<tr><td>融资租赁合同</td><td>租金的万分之零点五</td><td></td></tr>
<tr><td>买卖合同</td><td>价款的万分之三</td><td>指动产买卖合同（不包括个人书立的动产买卖合同）</td></tr>
<tr><td>承揽合同</td><td>报酬的万分之三</td><td></td></tr>
<tr><td>建设工程合同</td><td>价款的万分之三</td><td></td></tr>
<tr><td>运输合同</td><td>运输费用的万分之三</td><td>指货运合同和多式联运合同（不包括管道运输合同）</td></tr>
<tr><td>技术合同</td><td>价款、报酬或者使用费的万分之三</td><td>不包括专利权、专有技术使用权转让书据</td></tr>
<tr><td>租赁合同</td><td>租金的千分之一</td><td></td></tr>
<tr><td>保管合同</td><td>保管费的千分之一</td><td></td></tr>
<tr><td>仓储合同</td><td>仓储费的千分之一</td><td></td></tr>
<tr><td>财产保险合同</td><td>保险费的千分之一</td><td>不包括再保险合同</td></tr>
<tr><td rowspan="2">产权转移书据</td><td>土地使用权出让书据</td><td>价款的万分之五</td><td rowspan="2">转让包括买卖（出售）、继承、赠与、互换、分割</td></tr>
<tr><td>土地使用权、房屋等建筑物和构筑物所有权转让书据（不包括土地承包经营权和土地经营权转移）</td><td>价款的万分之五</td></tr>
</table>

续上表

税目		税率	备注
产权转移书据	股权转让书据（不包括应缴纳证券交易印花税的）	价款的万分之五	转让包括买卖（出售）、继承、赠与、互换、分割
	商标专用权、著作权、专利权、专有技术使用权转让书据	价款的万分之三	
营业账簿		实收资本（股本）、资本公积合计金额的万分之二点五	
证券交易		成交金额的千分之一	

14.1.3 哪些合同不需要缴纳印花税

由于印花税多征不退，所以避免错误贴花显得尤为重要。在经济活动中，下列业务免征印花税。

（1）既有订单又有购销合同的，订单不贴花。

在既有订单，又有购销合同情况下，单就购销合同贴花，订单对外不再发生权利义务关系，仅用于企业内部备份存查，无须贴花。

（2）非金融机构之间签订的借款合同。

银行与其他金融组织和借款人所签订的借款合同需要缴纳印花税，和非金融性质的企业或个人签订的借款合同不需要缴纳印花税。企业向股东贷款是企业进行融资的常见方式，和股东所签订的借款合同，如果双方都不属于金融机构，无须贴花。

（3）股权投资协议。

股权投资协议是投资各方在投资前签订的协议，只是一种投资的约定，不属于印花税征税范围，无须贴花。

（4）委托代理合同。

代理单位和委托方签订的委托代理合同，凡仅明确代理事项、权限和责任的，根据国税发〔1991〕第155号规定，不属于应税凭证，无须贴花。

（5）承运快件行李、包裹开具的托运单据。

在货物托运业务中，根据“国税发〔1990〕173号”规定，承、托运双方需以运费结算凭证作为应税凭证，按照规定贴花。但对于托运快件行李、包裹业务，根据“国税地字1998年第025号”文规定，开具的托运单据暂免贴花。

（6）电网与用户之间签订的供用电合同。

根据“财税〔2006〕162号”规定，对发电厂与电网之间、电网与电网之间（国家电网公司系统、南方电网公司系统内部各级电网互供电量除外）签订的购售电合同按购销合同征收印花税。电网与用户之间签订的供用电合同不属于印花税列举征税的凭证，不征收印花税。

（7）工程监理合同。

工程监理合同并不属于“技术合同”税目中的技术咨询合同，无须贴花。三方合同中的担保人、鉴定人等非合同当事人不需要缴纳印花税。

（8）作为购销合同、借款合同等的担保人、鉴定人、见证人而签订的三方合同，虽然购销合同、借款合同属于印花税应税凭证，但参与签订合同的担保人、鉴定人、见证人不是印花税纳税义务人，无须就所参与签订的合同贴花。

（9）没有书面凭证的购销业务不需缴纳印花税。

在商品购销活动中，直接通过电话、计算机联网订货，不使用书面凭证的，根据《国税总局关于外商投资企业的订单要货单据征收印花税问题的批复》(国税函〔1997〕505号）规定，不需缴纳印花税。

（10）商业票据贴现。

企业向银行办理商业承兑汇票等商业票据贴现，从银行取得资金，但贴现业务并非向银行借款，在贴现过程中不涉及印花税。

（11）企业集团内部使用的凭证。

集团内部具有独立法人资格的各公司之间，总、分公司之间，以及内部物资、外贸等部门之间使用的调拨单（或卡、书、表等），若只是内部执行计划使用，不用于明确双方供需关系，据以供货和结算的，不属于印花税应税凭证，无须贴花。

（12）实际结算金额超过合同金额不需补贴花。

根据《印花税暂行条例》规定，印花税的征税对象是合同，征税依据是合同所载金额，而不是根据实际业务的交易金额。如果已按规定贴花的合同在履行后，实际结算金额和合同所载金额不一致，根据《国家税务总局关于印花税若干具体问题的规定》(国税地字〔1988〕第025号)规定，不再补贴花，也不退税。

(13) 培训合同。

企业签订的各类培训合同，只有属于技术培训合同的，才需要按照“技术合同”贴花，其他的培训合同，不属于印花税征税范围，不需贴花。

(14) 其他不需要缴纳印花税的合同凭证。

14.2 购销合同印花税计税基数

根据《中华人民共和国印花税法》规定，购销合同的计税依据为合同上载明的“购销金额”。应税合同所列的金额，不包括列明的增值税税款；产权转移书据所列的金额，不包括列明的增值税税款。

例如，甲公司与乙公司签署房屋租赁合同，约定年租金不含税50万元，增值税税额4.5万元。印花税的计税基数为50万元，财产租赁合同按租赁金额1‰贴花，则：

应缴纳印花税＝500 000×1‰＝500（元）

若企业只约定年租金含税54.50万元，则：

应缴纳印花税＝545 000×0.1%＝545（元）

小贴士

根据《国家于印花税若干具体问题的规定》(国税地字〔1988〕25号)相关规定，有些合同在签订时无法确定计税金额，在签订时先按定额5元贴花，以后结算时再按实际金额计税补贴印花税。

销售货物合同中，货款和销项税金应分别填列，印花税计税基数为不含税销售额。

印花税金额不大，但其滞纳金、罚款较重。2016年，深圳市地税局第五稽查局在对某珠宝公司实施稽查时，发现该公司签订合计金额达70多亿元的购销合同，但未按规定申报缴纳购销合同印花税215万元。遂依法追补了其少缴的税款，并处少缴税款相应罚款、加收滞纳金，三项合计376万元。罚款加滞纳金高达161万元，不能不引起企业的高度重视。

第 15 章　企业劳动合同风险

签订书面劳动合同是避免劳动纠纷的有效形式。企业在用工时务必及时与员工订立劳动合同，借此规避不必要的合同风险。用人单位平时要做好考勤记录、休假记录、加班记录、业绩考核记录，确保工资发放及时、社保缴纳及时，提供相应劳动保护条件，完善相关制度流程，收集保管相关的证据材料等。

15.1　回避劳动合同引发的风险

有些企业为了节约成本，不与员工签订劳动合同；或者虽然签订合同，但却是劳务合同，隐藏着巨大的风险。

15.1.1　用工企业不与劳动者签订劳动合同的风险

有些用工企业不愿为员工缴纳社保，以为只要不签署合同，就可以免除社保费用，与员工协商，如果不缴纳社保就补偿员工部分工资，自以为双方协商一致，不会引起劳动纠纷。实则不然，按照《中华人民共和国劳动合同法》（以下简称《劳动合同法》）规定，用人单位只要发生了用工行为，与员工形成了劳动关系，即使是没有签劳动合同书，员工也享有《劳动合同法》上规定的各项权利，企业也负有各项义务。其中，依法缴纳各项社会保险费就是用人单位不能免除的强制性法定义务。

另外，用人单位不签订劳动合同，员工可以申请仲裁或法律诉讼。企业只能面临赔偿与败诉的风险。根据《中华人民共和国劳动合同法实施条例》第五条：自用工之日起一个月内，经用人单位书面通知后，劳动者不与用人单位订立书面劳动合同的，用人单位应当书面通知劳动者终止劳动关系，无需向劳动者支付经济补偿，但是应当依法向劳动者支付其实际工作时间的劳动报酬。

第六条：用人单位自用工之日起超过一个月不满一年未与劳动者订立书面劳动合同的，应当依照《劳动合同法》第八十二条的规定向劳动者每月支付两倍的工资，并与劳动者补订书面劳动合同。

15.1.2 用工企业签订劳务合同引发的风险

实务中，用人单位与员工签订的合同有劳动合同和劳务合同之分，虽是一字之差，却谬以千里。根据《劳动合同法》第三条：订立劳动合同，应当遵循合法、公平、平等自愿、协商一致、诚实信用的原则。用人单位可以和劳动者签订劳动合同，符合法定条件的也可以与其签订劳务合同。

劳务合同与劳动合同最大的区别即是：用人单位与劳动者签订劳动合同必须按时支付劳动者工资，为劳动者缴纳社保；而劳务合同关系中，用人单位只需给劳动者支付劳动报酬，不需要缴纳社保。因此，若劳动者要求对方为其购买社保的，一般得不到支持。

那么哪些人可以签署劳务合同呢？

1. 已领取养老金的退休返聘人员

依法可以享受养老待遇的退休人员因为已达退休年龄，其劳动合同自动终止，因此，退休人员签订的合同应为劳务合同。

2. 已与其他单位建立劳动合同关系的兼职人员

已与其他单位建立劳动合同关系的兼职人员是指已经与用人单位签订劳动合同，不需要与兼职用工的单位签订劳动合同，双方的关系按劳务关系处理。

3. 企业内退人员等

企业内退人员实际上与用工单位保留劳动关系，由原单位继续缴纳社保。因此，这种内退人员在另一单位就业的，按劳务关系处理。

4. 非全日制用工也可以是劳务合同

因为非全日制用工通常以日薪计酬，所以可签订劳务合同。

有些用工企业为了节省成本，与以上非四类员工签订劳务合同，但本质上还是劳动合同。根据《劳动合同法》第八十二条规定：用人单位自用工之日起超过一个月不满一年未与劳动者订立书面劳动合同的，应当向劳动者每月支付二倍的工资。因此企业应遵守《劳动合同法》，与员工签订劳动合同，以规避风险。

15.1.3 签订无固定期劳动合同风险

无固定期限劳动合同，是指用人单位与劳动者约定无确定终止时间的劳动合同。根据《劳动合同法》的规定，可签订无固定期限劳动合同的几种情形如下：

（1）双方协商一致同意签订；

（2）劳动者在该用人单位连续工作满十年的；

（3）用人单位初次实行劳动合同制度或者国有企业改制重新订立劳动合同时，劳动者在该用人单位连续工作满十年且距法定退休年龄不足十年的；

（4）用人单位自用工之日起满一年不与劳动者订立书面劳动合同的，视为用人单位与劳动者已订立无固定期限劳动合同。

实际上，不少用人单位故意采取一些方式规避无固定期限劳动合同的签订，这反倒加大法律风险。例如，有些企业要求劳动者辞职后再重新与其签订劳动合同，以使工作年限中断；变相委托劳务公司与员工签订劳动合同，以掩盖真实用工形式；通过注销原公司，设立新公司，重新与劳动者签订劳动合同等。

原因在于用工单位对无固定期限合同的理解存在误区，以为无固定期限相当于没有期限，不能辞退员工。

实际上，如果员工不能胜任本岗位工作或存在其他违法违纪行为，用人单位可与员工协商，解除劳动关系。

为防范签署无固定期限合同带来的风险，企业要认真做好员工考核与评定工作：

（1）第一次续签劳动合同时，应对员工进行综合评估，慎重决定是否续签合同。能够续签合同的，合同期限可适当延长，在此期间观察员工的综合表现，以便决定第二次是否续签。

（2）评估工龄近 10 年的员工，如果认为该员工达不到企业要求，应考虑在满 10 年之前以合法方式将其辞退。

（3）有些员工具备《劳动合同法》签署无固定期限劳动合同的资格时，但本人不愿意签订的，企业一定要保留员工同意的书面证据，防止其反悔后提出双倍工资等主张。

（4）适当运用合同变更规定，由无固定期限变更为固定期限。在进行变更劳动合同时，要按照平等自愿的原则进行，不能采取胁迫、欺诈、隐瞒事实等非法手段，同时还必须注意变更后的内容不得违法。

15.2 解除劳动合同风险规避

解除合同分为劳动者主动解除和用人单位主动解除，用人单位主动解除合同如操作不当，容易引发法律风险。

15.2.1 用人单位单方面解除劳动合同的法律风险

劳动合同到期时，企业可以与员工解除劳动关系，但是有前提条件：一是书面通知；二是提前 30 天。

1. 合同到期企业未提前协商解除劳动合同的法律风险

劳动合同到期时，无论是用人单位，还是劳动者都可以提出解除劳动合同。但无论是哪方提出解除，用人单位都应签订劳动合同解除协议。很多企业对解除合同具体细节并不重视，合同到期两三天才由部门主管口头通知员工不续签合同，让员工另找工作。员工认为企业没有提前 30 天书面通知，也没有签订劳动合同解除协议，企业应当继续聘用或支付赔偿金。企业认为，合同到期，员工就应该自动走人。双方没有达成一致，员工申请仲裁，结果是企业按《劳动合同法》的规定，支付赔偿金。所以，即使合同到期，不与员工续签，也要先了解法律是怎么规定的，以免引起赔偿风险。

2. 用人单位超过试用期解除合同的风险

《劳动合同法》第三十九条规定：劳动者有下列情形之一的，用人单位可以解除劳动合同。（一）在试用期间被证明不符合录用条件的；……此条必须是在法定期限内做出是否符合录用条件的决定，超过法定试用期就不能以员工不符合录用条件为由与劳动者解除劳动合同。如某企业规定试用期 6 个月，第 7 个月以不符合录用条件辞退员工，这显然是不符合法律规定，容易引发风险。

3. 试用期内无正当理由解除劳动合同

《劳动合同法》规定：在试用期内被证明不符合录用条件的，用人单位可以不用提前通知随时解除合同。

用人单位必须有证据证明劳动者不符合录用条件，这就要求用人单位在录用员工时注意收集证据。

15.2.2 企业提前解除合同如何规避风险

（1）劳动者在试用期内被证明不符合录用条件的，企业可单方解除劳动合同。

劳动者在试用期被证明不符合录用条件的，企业要解除劳动合同的应当做好三个方面的事务。第一，企业在招聘说明或者简介中有明确的聘用要求，并以书面形式告知劳动者；第二，公司在试用期内有考核、测试等书面记录；第三，作出解除劳动合同的通知时间应当在试用期内。

（2）严重违反用人单位劳动纪律或规章制度的，企业可单方解除劳动合同。

员工存在严重违反用人单位的劳动纪律或规章制度时，要规避不利的法律风险，应仔细把控每一个环节，才能做到防患于未然。第一，企业按照《劳动合同法》第四条的规定：① 应当经职工代表大会或者全体职工讨论，提出方案和意见，与工会或者职工代表平等协商确定；② 在规章制度和重大事项决定实施过程中，工会或者职工认为不适当的，有权向用人单位提出，通过协商予以修改完善；③ 用人单位应当将直接涉及劳动者切身利益的规章制度和重大事项决定公示，或者告知劳动者。只有这样，规章制度才是合法产生的，才可以作为认定的依据。第二，确定相关的规章制度后应当组织培训或者告知劳动者相关的厂规厂纪，劳动者并且书面确认已知相关的规章纪律，才可对劳动者产生约束效力。第三，对于相应的规章制度应当在实际使用过程中不断完善，归档保存。企业管理不能完全按照老板个人意识处理，这样不能形成合法有效的规章制度，如否，在发生纠纷时，无明确的证据证明有相应的规章制度予以约束，就会导致赔偿一些冤枉钱。

（3）严重失职、徇私舞弊给用人单位造成重大损害的，企业可单方解除劳动合同。

在发生严重失职等行为，给企业造成重大损害的，企业单方解除劳动合同时，应该明确理解“严重失职”的严重程度，“重大损害”的重大程度。这个要根据企业的实际经营情况来判断。不能随意适用此条解除劳动合同，以免带来不必要的风险。

(4) 以劳动者不能胜任工作，经培训或者调整岗位仍不能胜任工作的，用人单位提前 30 日或者支付一个月的工资后，可单方解除劳动合同。

在实践中，有多数企业都凭这一条依据解除劳动合同，但其后由于理解不对或者准备不充分带来风险。凭此依据解除劳动合同也应当做到有理有据。第一，企业应当有岗位的合理职责标准，并且同岗位的工作内容、工作难度、工作量应当一致。第二，企业对于具体岗位应当有具体的考核标准，并且实施考核程序。这是劳动者不能胜任工作的合理依据。第三，有调整岗位或者培训的合理安排，并且调整的岗位的工作内容、工作难度、工作量不应高于之前的岗位。真正做到有理有据，才能够合理运用这一依据单方解除劳动合同。